Meta Regehr-Mirau

Legenden der kanadischen Indianer

Husum

Umschlagbild: Jackson Beardy, Kanada, „Communication"
Illustrationen: Ulf Herholz
Textbearbeitung: Elke Emshoff

CIP-Kurztitelaufnahme der Deutschen Bibliothek

Regehr-Mirau, Meta:
Legenden der kanadischen Indianer / ges. u. nacherzählt
von Meta Regehr-Mirau. Ill. von Ulf Herholz. – Husum :
Husum Druck- und Verlagsges., 1982.
(Husum-Taschenbuch)
ISBN 3-88042-156-0

Satz: Fotosatz Husum GmbH
Druck und Verarbeitung: Husum Druck- und Verlagsgesellschaft,
Postfach 1480, D-2250 Husum
ISBN 3-88042-156-0

Indianische Märchen und Legenden

Man kann sie unmöglich so nacherzählen, wie sie von den Indianern selbst mitgeteilt werden: entweder ganz kurz und nackt wie ein Stenogramm – oder so weit hergeholt und ausschweifend, daß sie einen ganzen Abend füllen. Dies übrigens ist ihre eigentliche Absicht, einen Abend lang den Glanz der Vergangenheit des Stammes, die Würde, die Kühnheit, das Leid, die Schuld und Sühne der Vorväter (und Vormütter) wieder aufscheinen zu lassen, damit sie den Lebenden zur Lehre, zum Ansporn oder zur Warnung dienen, dem Jungvolk vor allem, das da ums lodernde Feuer kauert unter dem Sternenhimmel der Sommernacht – oder im hohen Kegelzelt, das den Rauch aus der halbgeöffneten Klappe in seiner Spitze entläßt, während draußen der Schnee rieselt, sandfein und unerbittlich.

Indianische Legenden und Märchen dürfen und können gar nicht „wörtlich" wiedergegeben werden, wenn es – für einen weiteren Leserkreis – nicht auf philologische oder ethnologische Genauigkeit ankommt (was für die Zwecke der Wissenschaft gar nicht ernst genug genommen werden kann!), sondern wenn es darum geht, die sich hinter den Worten öffnende Welt der Gefühle, der ungeschriebenen Gebote, ja, auch der Ahnungen zum Ausdruck zu bringen, in welcher sich Geburt, Leben, Kampf und Tod der Ureinwohner des Nordens des nordamerikanischen Kontinents abspielten. Wenn der Europäer zu dieser fremden, beinahe schon verschollenen Welt einen Zugang gewinnen will, so müssen ihm die alten Geschichten der Indianer in seiner Sprache, in seiner Tonart sozusagen, vorgetragen werden; es dürfen nicht nur die Worte und der Ablauf der Handlung, die Atmosphäre in eine dem Europäer verständliche Form umgegossen werden, damit die indianische, die „rote", in unserer, der „weißen" Umgebung entsprechend nachempfunden werden kann. Man wird also indianische Märchen etwa im Stil des deutschen Märchens übermitteln müssen. Dann erst wird ein Europäer die Wärme und Tiefe einer vielleicht uralten

Legende aus dem Bereich der nordamerikanischen Indianer ganz erfassen, wird sie in ihm ,,anklingen".

Die Nachdichtungen (so muß man sie wohl nennen) indianischer Legenden, die Meta Regehr im folgenden vorlegt, werden der Forderung, die hier erhoben wurde, wie mir scheint, in schöner Weise gerecht. Der deutsche oder europäische Leser wird zu seinem Erstaunen spüren, daß die in den Legenden auftretenden Personen von Antrieben und Empfindungen beherrscht werden, die den bei uns vorwaltenden oft genug aufs Haar ähneln. Wir stammen alle von Adam und Eva ab, ganz gleich, mit welcher Hautfarbe wir späten Nachfahren heute ausgestattet sind. –

Vielleicht vermitteln die hellen und dunklen Geschichten, die sich Meta Regehr von ihren indianischen Freunden erzählen ließ, ein allzu wohlwollendes Bild der geistigen Umwelt dieser Stämme. Aber, glaube ich, man sollte fremde Völker und Rassen nicht nach ihren Fehlern, ihren schlechten Seiten beurteilen, sondern in erster Linie nach ihren guten, ihren Vorzügen. Also bildet die Wiedergabe dieser höchst poetischen indianischen Legenden über ihre unmittelbare Absicht hinaus einen Beitrag zu jener wahrscheinlich wichtigsten und allesentscheidenden Aufgabe der Gegenwart und Zukunft: aus dieser tief zerstrittenen Welt endlich die ,,Eine Welt" entstehen zu lassen, in welcher alles, was Menschenantlitz trägt, sich als verschwistert ansieht, in welcher Haß, Kriege und Neid nur noch der dunklen Vergangenheit angehören.

A. E. Johann

Am kanadischen Feuerplatz

Der Wind kommt vom großen Huron See herüber, und vor mir duftet der Wald nach Harz und sommerlicher Wärme. Hier ganz nah sollte eine kleine Ansiedlung sein, und wenn ich Glück habe, finde ich hier auch eine Unterkunft.

Ich wandere weiter. Die Blauen Berge wird dieses Gebiet genannt. Ich kann nicht sagen, warum ich gerade hierher gekommen bin, doch würde ich hier gern länger verweilen. Hier ist es schön und so, wie ich es mag.

Und dann sehe ich das Haus vor mir, eine Jagdhütte, die auf einer Anhöhe zu meiner Rechten liegt; ich kenne sie, ich kenne sie genau! Habe ich es im Traum gesehen? Ich weiß es nicht. Der Pfad dorthin sieht unbetreten aus.

Beim Näherkommen sehe ich, daß sie größer ist, als es aus der Entfernung den Anschein hatte. Ich gehe ums Haus herum, kein Mensch scheint darin zu wohnen. Die Eichkätzchen blicken von den Bäumen herab und schimpfen mit mir. Ein kleiner Schuppen mit aufgeschichtetem Holz steht nahebei. Und dort drüben, da wohnen die lustigen Chipmunks, sitzen aufrecht und sehen mir entgegen. Habe ich sie bei ihrer Arbeit gestört? Sie denken wohl schon an den kommenden Herbst und den Winter, und sie arbeiten mit großer Emsigkeit.

Hier möchte ich eine Weile bleiben. Soll ich die Chipmunks fragen, ob sie mich hierbehalten möchten? Einige Wochen lang, oder gar für einige Monate?

Plötzlich höre ich in dieser Einsamkeit eine menschliche Stimme. Gilt der Anruf mir? Ich drehe mich um und sehe jemanden von weit her mir zuwinken. Und jetzt erkenne ich auch das Bauernhaus am Rande des Waldes und den Obstgarten an der Seite.

Eine noch junge Frau steht am Zaun und sieht mir entgegen. In der Hand hält sie einen Apfel. ,,Wollen Sie in das Jagdhaus?" ,,Ja, ich würde hier gern einige Zeit bleiben."

Sie sieht mich freundlich und etwas prüfend an. ,,Der Schlüssel hängt unter den Geräten an der Tür."

Ich bin verwirrt, so einfach ist das?

Die Frau sieht mir meine Verwunderung an, und nun lächelt sie. ,,Das Haus ist schon viele Jahre lang nicht mehr bewohnt, und der Besitzer lebt seit langer Zeit nicht mehr. Es hat schon vielen Wanderern Unterkunft geboten, und ich sehe ab und zu nach dem Rechten."

Irgendwie bin ich ganz benommen. Gibt es denn so etwas heute noch? Ich sollte doch eigentlich dafür bezahlen müssen. Die junge Frau vor mir scheint meine Gedanken zu lesen; nun lacht sie beinahe: ,,Nein, nein, zu bezahlen ist nichts. Und an wen denn auch. Ich bin froh, wenn wir mal einen Nachbarn haben."

Sie reicht mir den Apfel, den sie in der Hand trug, bückt sich zu ihrem Korb und gibt mir noch mehr. ,,Mein Mann fährt morgen in die Stadt und kann Ihnen Lebensmittelvorräte mitbringen; Obst und Gemüse können Sie von uns haben."

Das war das Haus aus meinem Traum. Ich gehe hinein. Vorraum und eine kleine Küche. Dann das Wohnzimmer, mit Wänden aus geschälten Holzstämmen. Große Fenster. Ich brauche mich gar nicht umzusehen, ich kenne es. Dort der große Kamin, und ich weiß, was über dem Feuerplatz hängt: der herrliche Kopf eines Wapiti. Das Licht des späten Nachmittags fällt in seine Augen und macht sie lebendig. Er sieht mich an, und ich habe das Gefühl, daß wir uns kennen. Ich werde nicht mehr allein sein.

Und es gibt noch einen Raum, mit einem großen Balkon davor. Von hier aus blicke ich auf die dunklen Wasser des Huron Sees. Das Holz riecht nach Sonne und Wald. Ich werde gut schlafen.

Hier oben in den Blauen Bergen kommt der Morgen früher als im Flachland. Ich sehe mich um und frage mich, ob alles ein Traum ist . . . Aber ich habe auch geträumt: einen Namen, ganz deutlich! Assintoa, ja Assintoa. Und ich weiß, es ist der Name meines Freundes über dem Kamin. Assintoa – welch' seltsamer Klang. Ich denke nach, jetzt fällt es mir wieder ein: so nannte ein lang verschwundenes Volk von Indianern, deren Sprache heute niemand mehr weiß, diesen großen Hirsch. Ich kenne auch die Bedeutung; Assintoa, der heimliche Fürst des Waldes.

Ich gehe hinüber und bleibe am Kamin stehen, sehe ihn an, und es scheint, als erwidere er meinen Blick.

Zeichenblock und Stifte habe ich mitgebracht und heute gehe ich auf Entdeckungen aus.

Hinter dem Haus liegt eine große Wiese. Danach geht es höher hinauf in die Berge, und dort hinten beginnt der dichte Wald. An der rechten Seite vor mir fließt ein Bach, mit einer kleinen Holzbrücke darüber. Es ist wenig Wasser, das hier herunterplätschert, und doch spiegeln sich die Umrisse der Bäume. Ich werde es zeichnen.

Dann gehe ich höher hinauf dem Walde zu. Sehr still ist es hier. Ein blauer Häher fliegt auf und ruft sein Mißbehagen über meine Anwesenheit in die Lüfte. Am Waldrand sind die Brombeersträucher voller Beeren. Hier werde ich einige pflücken.

Ich setze mich hin, um eine Gruppe von Bäumen zu malen. Ich fühle mich beobachtet, und sehe mich sehr behutsam um. Die Eichkätzchen und auch die Chipmunks haben sich schon an mich gewöhnt, und eine Handvoll Erdnüsse tragen ein Übriges zur Freundschaft bei. Doch möchte ich auch Freundschaft mit den Bewohnern des Waldes schließen. Muledeer gibt es hier, etwas größer als die deuschen Rehe. Doch ich kann nichts entdecken. Es ist wohl wie bei den Menschen: eine gute Freundschaft braucht Geduld. Schon zwei Monate bin ich nun hier und habe das Gefühl, zuhause zu sein.

Wenn ich von meinen Wanderungen in die Umgebung nach Hause komme, gehe ich zu Assintoa und erzähle ihm still von meinem Tag. Blumen von den Wiesen und Farn aus dem Wald bringe ich mit und stelle es auf den Kaminsims.

Heute hatte ich einen besonders schönen und erlebnisreichen Tag. In einer halb zerfallenen Grotte drüben im Wald entdeckte ich in Stein geritzte Zeichen. Inschriften von Indianern? Ich weiß es nicht. Sie sahen sehr alt und auch sehr fremd aus.

Die Jahrhunderte drehen sich zurück. Hier haben Menschen gelebt, von denen wir nicht viel wissen; und wenn wir etwas hören, wissen wir nicht, ob es wirklich so war.

Menschen so wie wir, mit Freude und Leid, mit Zuneigung, und auch mit Kummer und Haß, aber auch mit Wissen, das uns fremd ist. Schon vor vielen tausend Jahren soll es hier in Nordamerika Menschen, Indianer, gegeben haben. Viele tausend Jahre? Wie sah es damals in Europa aus?

Tiefe Stille umgab mich, als ich die Zeichen vergebens zu deuten suchte; Menschen haben hier gelebt, die zum Tier Bruder sagten und keine Biberweibchen töteten, wenn sie wußten, daß sie Junge im Bau hatten.

Und noch eine Freude hatte ich an diesem Tage. Zum erstenmal, seit ich hier bin, stand eine schöne Hirschkuh vor mir und blickte mich an. Ganz vorsichtig hole ich einen Keks und eine Erdnuß aus meiner Tasche. Sie macht zwei kleine Schritte auf mich zu. Ich bleibe stehen, strecke aber meine Hand mit der Freundschaftsgabe hin. Noch zwei Schritte; sie nimmt die Nuß, und der Keks fällt ins Gras.

Diese neue Freundschaft beglückt mich, und ich werde sie mir erhalten.

Der Herbst ist gekommen. Noch ist es schön, doch man fühlt, daß der Winter anrücken will. Die Goldfinken aus dem Norden ruhen sich hier aus, bevor sie ihre Reise in den Süden fortsetzen. Oft höre ich den Ruf der Wildgänse, der wie eine Melodie klingt, eine Melodie des Lebens und der Kraft der Natur, das Wissen dieser Geschöpfe, ihre Art zu erhalten.

Ich gehe die Wiese hinauf und warte auf meine vierbeinige Freundin. Dort kommt sie, vorsichtig und stelzbeinig. Ihre dunklen Augen sehen mich an. Keks und Äpfel habe ich. Sie möchte den Keks. Dann springt sie davon und sieht sich nicht um. Wer freut sich mehr? Sie über meine kleine Gabe, oder ich über das Vertrauen, das sie mir entgegenbringt?

Heute abend werde ich das erstemal das Feuer im Kamin anzünden. Der Wind bringt den Geruch der ersten Schneeflocken. Er drückt auf den Schornstein, und das Feuer will nicht so recht brennen; nun endlich lodert es aber doch auf und gibt mir Wärme.

Ich sehe hinauf zu Assintoa. Auch du, mein Freund Assintoa, würdest diese Jahreszeit lieben. Diese Zeit, in der du deinem Rivalen deinen Ruf entgegensenden würdest!

Es ist dunkel geworden, und nun sehe ich, daß draußen die ersten Schneeflocken herunterrieseln. Das Haus ist warm; der rote Schein des Feuers spielt auf den Holzwänden und wirft sein flackerndes Licht auf Assintoa. Wir sind jetzt beide allein.

Assintoa, mein Freund, du kennst dieses große Land und seine Legenden. Erzähle mir davon.

Und Assintoa beginnt . . .

Wie der erste Indianer nach Kanada kam

Vor unendlich langer Zeit, als noch Götter und Titanen die Welt beherrschten, lebten nur wenige Menschen auf der Erde.

Es gab einen Titanen, der nie etwas Gutes tat. Wenn er den Göttern einen Streich spielen konnte, tat er es nur zu gern.

Eines Tages wurde es dem Obersten der Götter zuviel. Er ließ den Titanen zu sich kommen und sagte zu ihm: „Das Maß ist voll! Lange genug habe ich deinen Torheiten zugesehen. Ich habe dich gewarnt, daß ich dich bestrafen werde, wenn du dich nicht besserst. Der Zyklop, der das ewige Feuer im Inneren der Erde versorgt, ist alt und müde. Mein Wille ist es, daß er seine letzten Jahre im Schein der Sonne und der Sterne verbringt. Du wirst hinuntergehen und seine Arbeit übernehmen."

„Ich verstehe doch nichts vom Feuer", entgegnete der Titan trotzig. Aber es half ihm nichts. Er mußte hinunter ins Erdinnere, um das Feuer zu besorgen.

Seine Frau war darüber auch sehr unglücklich, doch folgte sie ihrem Mann zum Feuer tief unten in der Erde.

Es war schwere Arbeit, doch der Titan war jung und stark. Oft war er aber auch nachlässig und schüttete nicht genügend Kohlen auf. Die Erde wurde kalt, wenn es warm sein sollte. Dann donnerte der oberste der Götter hinunter, und der Titan und seine Frau mußten schnell das Feuer schüren.

Auch hatte der Titan oft schlechte Laune. Dann schüttete er soviel Kohlen aufs Feuer, daß die Flammen hoch aus der Erde herausschlugen und die Menschen auf der Welt in Angst und Schrecken versetzten.

Tausende von Jahren hatten die beiden nun das Feuer der Erde in Gang gehalten. Nun waren sie alt geworden, denn auch Titanen werden einmal alt. „Ach", sagte seine Frau, „wenn wir jemanden hätten, der uns helfen würde, dann könnten wir noch eine Zeitlang unsere Arbeit verrichten."

,,Wer würde denn schon hierher nach unten kommen, um uns zu helfen?" knurrte der Titan, ,,wir werden niemanden für diese Arbeit finden." Seine Frau aber dachte oft darüber nach, ob es nicht doch eine Möglichkeit gäbe, Hilfe herbeizuschaffen. ,,Könnten wir nicht hinauf zur Erde gehen und uns dort unter den Menschen nach Hilfskräften umsehen?" fragte sie, ,,es wird sicher nicht auffallen, wenn wir uns einige Handvoll von ihnen herunterholen."

Eines Abends, als sie das Feuer gut in Gang gebracht hatten, machten sich die beiden auf, um auf der Erde nach Helfern zu suchen. Es war ein schöner Abend. Die Menschen saßen vor ihren Grashütten; die Frauen kochten für ihre Familien, und die Männer waren gerade von der Jagd zurückgekehrt.

,,Sieh nur, wie viele es geworden sind! Ich will mir die Schürze mit ihnen füllen, dann haben wir vorerst genug", meinte des Titanen Frau.

Die Menschen wußten nicht, wie ihnen geschah, als sie von einer unsichtbaren Macht ergriffen und unter die Erde gebracht wurden. Wie unglücklich sie alle waren! ,,Wir wollen zurück in die Sonne, wir wollen zu unseren Familien!" schrien sie. Es half ihnen aber nichts.

Auf Befehl des Titanen mußten sie Kohlen heranschleppen und das Feuer schüren. Man ließ ihnen kaum Zeit zum Essen und Ruhen. Sie jammerten und weinten. Wenn es dem Titanen und seiner Frau zuviel wurde, drohten sie den Menschen, sie ins Feuer zu werfen.

Doch ein junger Mann unter ihnen konnte sich nicht damit abfinden, sein ganzes Leben unter der Erde verbringen zu müssen. Zu einem jungen Mädchen, das an seiner Seite arbeitete, sagte er eines Tages leise: ,,Wenn es einen Weg hier herunter gab, muß es auch einen hinauf geben." Er suchte und suchte, konnte aber keinen Fluchtweg finden, denn der alte Titan war schlau genug gewesen, den Eingang des Tunnels hinauf zur Erde zuzuschütten.

,,Willst du mir helfen, einen Gang zu graben? Ich will

hier heraus! Wenn wir beide tüchtig daran arbeiten, könnten wir es vielleicht schaffen", sagte der junge Mann. Obwohl sie nicht viel Hoffnung hatte, wollte sie trotzdem mitmachen, denn der junge Mann gefiel ihr gut.

Nacht für Nacht, wenn alle anderen beim Feuer waren, arbeiteten die beiden ganz heimlich an einem Gang, der zur Erde hinaufführen sollte. Es war Schwerstarbeit, denn sie mußten die ausgegrabene Erde unter den Kohlen verstecken, damit niemand ihren Plan entdeckte. Sie gruben nicht enden wollende Nächte lang, aber der Weg hinauf schien endlos. Oft wollte das Mädchen verzagen, doch der junge Mann gab ihr immer wieder neue Hoffnung und Glauben. Schließlich begann aber auch er zu zweifeln, ob sie jemals ihr Ziel erreichen würden.

Dann, eines Nachts, aber spürte er, daß das Erdreich nachgab. Mit unendlicher Freude sah er, daß es ihnen gelungen war, hinauf zur Erde zu kommen. Er vergrößerte die Öffnung, und plötzlich konnten sie den Sternenhimmel und den silbernen Mond sehen. Es war Nacht auf der Erde.

,,Morgen früh gehen wir hinauf; nun hat unsere Gefangenschaft endlich ein Ende!" Still und glücklich gingen sie hinunter zu ihrer Arbeit zurück, denn auch jetzt noch mußten sie fürchten, daß ihr Unternehmen entdeckt werden könnte und alle Mühe umsonst gewesen wäre.

Am frühen Morgen des nächsten Tages gingen sie heimlich ihren Fluchtweg zur Erde hinauf. Zu ihrem großen Schrecken sahen sie nun im Tageslicht, daß der Tunnel, den sie so mühsam gegraben hatten, in einer Felsenschlucht endete. Die Granitwände waren hoch und glatt; es gab keine Möglichkeit, an ihnen hinaufzuklettern.

Da weinte das Mädchen bitterlich. ,,All unsere Mühe war umsonst, unser Hoffen hat uns betrogen. Niemals mehr werden wir nun aus unserer Gefangenschaft herauskommen. Ich wünschte, ich wäre tot." Auch der junge Mann war sehr traurig.

Als er sich umsah, bemerkte er im Steingeröll einen großen Vogel. Er trat näher heran und sah, daß es ein junger Adler war, der sehr schwach zu sein schien. ,,Bist auch du

ein Gefangener, Vogel der hohen Berge und der blauen Luft? Wie kommt es nur, daß du hier unten bist?"

„Ich war unvorsichtig. Ein starker Windstoß traf mich und warf mich hier herunter. Ich habe meinen Flügel verletzt. Nun bin ich schwach, denn ich habe seit Tagen nichts mehr gegessen."

Trotz seines eigenen Kummers fühlte der junge Mann Erbarmen mit dem Adler. „Wenn es auch uns nicht möglich ist, unsere Freiheit wieder zu erlangen, so will ich dir wenigstens helfen, daß du wieder zu Kräften kommst. Dann kannst du hinauffliegen in den goldenen Sonnenschein und den Menschen von unserem Kummer und Leid berichten."

Heimlich ging nun der junge Mann jeden Tag hinauf zur Erde, um den Adler zu füttern. Auch das Mädchen gab ihm ihren Anteil. „Heute abend kommt ihr beiden noch einmal herauf", bat sie der Adler nach einigen Tagen, „heute will ich versuchen hinaufzufliegen. Aber zur Nacht, ehe es dunkel wird, möchte ich euch meinen Dank abstatten."

„Was kann er uns schon sagen", weinte das Mädchen. „Komm", sagte der junge Mann zu ihr, „wir haben es dem Adler versprochen."

Als die beiden in die Felsenschlucht hinaustraten, sahen sie plötzlich drei Adler auf sie warten. Die beiden anderen waren viel größer und stärker. „Dieses sind mein Vater und mein Bruder", gab ihnen der junge Adler zu verstehen, „ich habe ihnen von eurer Hilfsbereitschaft und von eurem Kummer erzählt, und wir haben gemeinsam beschlossen, euch zu helfen. Wir wollen versuchen, euch hinauf in die Freiheit zu tragen."

Mit gemeinsamer Kraft brachten die drei Adler die beiden Menschenkinder auf die Kuppe des Berges und setzten sie dort ganz sanft nieder. „Hier", sagte der alte Adler-Vater und nahm eine seiner Flügelfedern, „hier, nehmt diese Feder, sie soll euch und eure Kinder daran erinnern, daß eure Herzen selbst in eurer eigenen großen Bedrängnis dem Leid anderer nicht verschlossen waren, aber auch daran, daß wir dankbar sind und Hilfe leisten, wenn es möglich ist."

Im Schein der Abendsonne blickten sich die beiden jungen Menschen an. Sie sahen, daß ihr Haar pechschwarz war von all dem Kohlenstaub dort unten tief in der Erde. Sie entdeckten auch, daß ihre Haut rot war vom Feuer.

Das Mädchen steckte ihrem Begleiter die Adlerfeder ins Haar. Der kühle Abend erfrischte sie. Weit und wunderbar lag das Land vor ihnen, die hohen Berge der Rocky Mountains, die weiten Prärien und in der Ferne leuchtete ein großer See.

Hand in Hand gingen sie los, um dieses Land in Besitz zu nehmen.

Die Legende vom ersten Luchs

Vor langer Zeit lebte ein großer Indianer-Stamm am Großen Bärensee im Norden Kanadas.

Unter ihnen war ein Junge, dem man den Namen Cumisea gegeben hatte. Cumisea bedeutet „Der kleine Vergessene". Denn ein kleiner Vergessener war er wirklich. Sein Vater war im Kampf umgekommen, und seine Mutter war gestorben, als er noch sehr klein war. Wohl gab man ihm zu essen und zu trinken, doch oft vergaß man es auch. So war er wirklich der kleine Vergessene.

Schon früh lernte er das Leben von seiner harten Seite kennen. Doch alle Not seines jungen Lebens vergaß er, wenn er die stolzen Krieger in ihrem Schmuck erblickte oder wenn er den Häuptling „Großer Büffel" mit seinen Kriegern zum Kampf oder zum Wettspiel ausziehen sah. Ihnen wollte er es nachtun, ein großer, tapferer Krieger sein. Oder gar Häuptling werden und seinem Volk in Mut und Verwegenheit Vorbild sein. Die Söhne und Enkelkinder, die er haben würde, sollten mit Stolz von ihm sprechen können, und der Name „Der kleine Vergessene" sollte ein Name zum Erinnern werden.

Wenn die Krieger mit den stolzen Adlerfedern im Haar an ihm vorübergingen, wurde sein Herz heiß, und er wünschte sich, es ihnen gleichzutun. Er wußte, es würde ein harter und langer Weg sein, doch er wollte ihn gehen.

Wurde er in den Wald geschickt, und der Abend war schon angebrochen, schlich sich Furcht in sein Herz. Hörte er dann die Eule oder begegnete ihm ein anderes Tier der Nacht, wurde die Angst ganz unerträglich. Dann schämte er sich und dachte: wenn ich ein großer Häuptling werden will, muß alle Furcht aus meinem Herzen weichen. Oft schweifte sein Blick hinüber zum hohen schneebedeckten Berg im Norden; dort lebte der Große Geist, der Hüter oder auch der Vernichter seines Volkes.

Allemal, ehe der Häuptling mit seinen Kriegern aufbrach, um den Feind zu bekämpfen, gingen die Ältesten des Stammes hinaus, um den Großen Geist um Rat zu fragen. Oft aber verweigerte der Große Geist ihnen die Antwort. Die Männer wurden unsicher, und ihr Feldzug endete in einer Niederlage. Mitunter auch verstanden sie die Zeichen falsch; auch das brachte harte Zeiten für alle.

Doch wenn der Große Geist mit ihnen war, hatten sie Kriegsglück, und ihre Unternehmungen waren von Erfolg gekrönt. Ehe sie dann die Früchte ihres Sieges genossen, opferten sie dem Großen Geist. Niemandem war es gestattet, dem hohen Berg zu nahe zu kommen; nur die Ältesten des Stammes durften bis zu einer bestimmten Anhöhe gehen.

Am Fuß des hohen Berges sprudelte ein Bächlein in die Ebene; das Wasser war kristallklar und rein, und es schmeckte süß. Nur der Häuptling selbst und seine Krieger durften daraus trinken. Es war eine große Ehre für die Jüngeren, wenn sie ausgesandt wurden, dieses Wasser zu schöpfen.

Eines Tages, als niemand da war, um Wasser zu holen, gab man Cumisea den Auftrag. Sein Herz klopfte ihm sehr, als er dort eintraf. Er blickte hinauf zum hohen Berg und sah, daß eine weiße Nebelwolke langsam herunterzog. Plötzlich wich alle Furcht von ihm, und er sagte: „Großer Geist, mit meinem Herzen und meiner ganzen Kraft will ich dir dienen. Hilf mir, ein großer Häuptling zu werden und verbanne die Furcht aus meinem Herzen!"

Die Wolke glitt näher heran. „Überwinde deine Angst. Werde nicht stolz im Glück und sei deinem Versprechen treu. Dann werde ich dir helfen."

Cumisea wußte nicht, ob dieses alles ein Traum war oder ob der Große Geist des Berges wirklich zu ihm gesprochen hatte. Doch er fühlte deutlich, daß seine Furcht verschwunden war. Tief neigte er sich: „Großer Geist, ich will alles tun, um dein Wohlwollen zu bewahren." Cumisea sprach zu niemandem von seinem Erlebnis, denn es hätte ihm sowieso keiner Glauben geschenkt.

Oft, wenn er zum Berg hinübersah, fühlte er die Blicke des Großen Geistes auf sich ruhen. Groß und kräftig war er nun, und Pfeil und Bogen wußte er wohl zu handhaben. Selbst die schnellste Antilope erlegte er mit sicherer Hand.

Sein Ansehen im Lager wuchs, und alle Aufträge, die man ihm gab, führte er gut aus.

Ein junges Mädchen, das, gleich ihm, elternlos aufwuchs, war ihm zugetan. Auch er hatte Zuneigung zu ihr gefaßt. ,,Noch ist es nicht an der Zeit, doch du bist diejenige, die mir Söhne schenken soll, denen ich Vorbild sein möchte, die ich zu den Tapfersten und Kühnsten heranziehen will."

Wieder waren die Männer ausgezogen, um ihr Land zu verteidigen. Der Große Bärensee, an dem sie ihre Zelte aufgeschlagen hatten, besaß großen Fischreichtum, der lebenswichtig für alle Indianer-Stämme dieses Gebietes war. Jeder Stamm versuchte, seinen eigenen Anteil am See zu verteidigen und zu erweitern.

Tapfer hatten sie gekämpft. ,,Cumisea", sagte der alte Häuptling Großer Büffel, ,,du hast dir heute die erste Adlerfeder redlich verdient." Stolz erfüllte das Herz des jungen Mannes, doch sein Dank ging hinauf zum hohen Berg: ,,Dir, starker Geist, verdanke ich es, daß ich nun die erste Adlerfeder tragen darf. Du hast mir geholfen, meine Furcht zu überwinden." Tief verneigte sich Cumisea in heimlichem Dank. ,,Der Tapferste will ich sein, alle sollen mich bewundern." Es regte sich zum ersten Mal Eitelkeit in seinem Herzen, und ein kalter Windstoß erfaßte ihn. ,,Vergib mir, Großer Geist, daß ich deine Worte vergessen habe. Nicht an mich will ich denken, sondern an mein Volk."

Caatana wurde das Mädchen genannt, das er zu seiner Frau machen wollte, ,,Süßes Wasser". Caatana stand neben ihm. ,,Du warst tapfer, und der Häuptling spricht von dir; doch vergiß nicht, daß andere dir darüber gram sein mögen. Tapferkeit und Ehre haben schon manches Unheil gebracht. Aber eigentlich habe ich kein Recht, so zu dir zu sprechen." Es war nicht üblich, daß sich die Frauen des Stammes in die Angelegenheiten der Männer mischten. ,,Doch, Caatana, du hast das Recht. Denn du bist die Frau, die mir die Söhne geben soll, die meinen Namen weiterführen werden. Noch ist es nicht an der Zeit, doch mein Wigwam wird bald errichtet werden." Leise schlüpf-

te Caatana in das Zelt der Frauen zurück. Sehr glücklich war sie, daß Cumisea so zu ihr gesprochen hatte.

Die Monate gingen dahin. Andere Stämme kamen, um sich einen neuen Platz am See zu erobern. Wieder und wieder mußte Cumiseas Stamm seinen Platz verteidigen. Immer gewandter und waghalsiger wurde der Krieger, der den Namen „Der kleine Vergessene" führte. Kaum ein Pfeil des Feindes verletzte ihn. Es wurden immer mehr Adlerfedern, und der Neid und die Mißgunst seiner Altersgenossen wuchsen.

Cumisea aber bemerkte dieses nicht. Bessere Waffen und sichere Wege wollte er finden, um seinem Stamm zu dienen. „Es ist Zeit, daß du dein eigenes Zelt errichtest; du sollst deine Söhne heranwachsen sehen", sagte der Häuptling zu ihm.

Erneut kamen andere Stämme aus dem Süden heran, angelockt vom Fischreichtum des Großen Bärensees und von den tierreichen Jagdgefilden. „Es sind ihrer zu viele", sorgenvoll lauschte der alte Häuptling den Berichten seiner Späher, „wir müssen uns mit unseren Nachbarn zusammenschließen. Gerne tue ich es zwar nicht, denn ich habe kein Vertrauen zu ihnen, aber allein können wir die anderen nicht bezwingen."

Es wurde ein hartes Ringen, doch die vereinte Kraft der beiden Stämme konnte den Sieg erringen; nun war mit einer friedlichen Zeit zu rechnen. Und wieder hatte sich Cumisea bewährt. Sein Häuptling fand Gefallen an ihm.

Als die Vorbereitungen für die Siegesfeiern und die Kampfspiele, die nach jedem Sieg abgehalten wurden, begannen, ging „Schneller Fisch", Häuptling des Nachbarstammes, in den Wigwam seines Verbündeten. „Der Sieg ist unser, und alle Krieger sollen einen guten Tag verbringen. Du hast sehr tapfere Kämpfer, und dein junger Krieger Cumisea würde mir willkommen sein für meine Tochter."

Großer Büffel verzog keine Miene, doch das Ansinnen ärgerte ihn. Seinen besten Krieger weggeben? Nein. Wohl war Cumisea ein sehr guter Kämpfer, doch wer war er denn sonst: Cumisea, der kleine Vergessene. Als Angehöriger des Nachbarstammes könnte er zudem eines Tages ein starker Feind sein, und Schneller Fisch wußte dieses auch nur zu genau!

Als Schneller Fisch gegangen war, ließ der Häuptling Cumisea in sein Zelt rufen. ,,Häuptling Schneller Fisch will dich in seine Familie aufnehmen; seine Tochter soll dein Herdfeuer hüten. Von großer Ehre wird es sein, unseren Freunden zu dienen.“ Während er dieses sagte, ließ er Cumisea nicht aus den Augen. Cumisea selbst bemerkte den Unterton nicht und vergaß alles, was er dem Großen Geist gelobt hatte. Die Tochter von Schneller Fisch sollte er zur Frau bekommen? Er, der unbeachtet im Lager aufgewachsen war?

Er vergaß auch Caatana, die von ihm träumte und ihm viele Söhne schenken wollte. Er verließ das Zelt seines Häuptlings, und seine Adlerfedern wehten stolz im Wind. Cumisea dachte auch nicht mehr daran, dem Großen Geist zu danken. Er hatte gekämpft, er war der Held. Eingehüllt in seinen Stolz bemerkte er die Blicke nicht, die ihm folgten.

,,Unsere Nachbarn sind unsere Kampfgefährten, doch daß sie meine Krieger haben wollen, gefällt mir nicht. Meinen besten Krieger schon gar nicht!“ Großer Büffel sagte es mit Nachdruck und sah seine Vertrauten dabei nacheinander an. Sie verstanden, was er damit sagen wollte, denn sie wußten, daß er Häuptling Schneller Fisch den Wunsch nicht abschlagen konnte. Seine Menschenkenntnis sagte ihm, daß sie seinen unausgesprochenen Befehl befolgen würden.

Die Kampfspiele begannen. Plötzlich fingen einige seiner Stammesbrüder an, ihn der Unredlichkeit zu bezichtigen. Er wehrte sich verzweifelt mit Worten, doch man stieß ihn zu Boden. Rasend vor Zorn warf er seine Kampfaxt nach einem seines Stammes, aber ehe er noch wußte, wie ihm geschah, hatte man ihn überwältigt und an einen Baum gefesselt. Holz wurde aufgeschichtet, und erst jetzt erkannte Cumisea die Falle, die man ihm gestellt hatte.

Sein Ruhm war groß im Lager, und seine Feinde und Neider wußten dieses wohl. Wenn sie nicht schnell handelten, würden es die anderen verhindern. Die Flammen kamen züngelnd näher, und Cumisea wand sich voller Qual. Seine Augen suchten verzweifelt den Gipfel des hohen Berges. „Großer Geist, ich habe dich betrogen, obwohl du mich gewarnt hattest. Ich habe deine Gebote mißachtet. Caatana, auch dich habe ich enttäuscht. So bitte ich dich, Großer Geist, vergib mir und nimm mich in dein Reich auf!"

Caatana, die ihn noch immer sehr liebte, entdeckte mit Entsetzen, was hier geschah. Zwar ahnte sie, daß Cumisea sie verlassen wollte, aber ihr Herz gehörte immer noch dem kleinen Vergessenen, der die Adlerfedern errungen hatte. Sie stürzte sich in die lodernden Flammen, um im Tod mit ihm vereint zu sein.

Dichte, weiße Nebelschwaden zogen herunter vom hohen Berg. Dunkler und schwerer umhüllten sie das Lager und zogen zum Feuer. Die johlenden Krieger wichen voller Angst und Schrecken zurück, denn sie ahnten, was dieses bedeutete. Voller Entsetzen sah auch Großer Büffel, was geschah: der Große Geist war erzürnt und würde ihnen nie vergeben, daß sie einen ihrer eigenen Brüder vernichtet hatten.

„Komm zu mir, Cumisea, und auch du, Caatana. In meinem Schutz sollt ihr euer Leben führen. Ich werde über euch wachen." Laut hallte die Stimme über das Lager, und das Feuer war erloschen.

Zwei Gestalten standen dort: zwei Tiere mit herrlich glänzendem Fell. Die weißen entblößten Zähne blitzten den erstarrten Menschen entgegen. Hoch standen die feinen Ohren, an deren Ende sich die Haare gleich Adlerfedern aufreckten. Goldfunkelnde Augen leuchteten im Schein der untergehenden Sonne, und furchtlos schritten sie durch die auseinanderweichende Schar.

Der Große Geist versagte fortan dem Indiander-Stamm seine Gnade. Harte Kämpfe und Krankheiten vernichteten ihn. Niemand weiß heute mehr den Namen, den er einst trug.

Doch der Luchs, der heimliche Prinz der Berge und Wälder, ist heute noch unter uns.

Die Legende vom Dom im Gebirge

Vor langer Zeit lebten nahe der hohen Berge, die im Westen Kanadas anfangen, viele kleinere Indianerstämme. Sie glaubten, daß der Große Geist, der ihre Geschicke lenkte, hier seinen Sitz hatte.

Der Große Geist, der schon ihren Vorvätern die Gebote auferlegt hatte, nach denen sie leben und handeln sollten, der ihnen Beistand gewährte, wenn sie in Not waren, der aber auch ungehalten sein und strafen konnte. Die weisen Männer und auch die alten Frauen der Indianer konnten aus Blitz und Donner, aus Sturm und Hagel, und auch aus Sonnenschein den Willen des Großen Geistes erkennen. Sie konnten die ziehenden Wolken deuten und glaubten auch daran, daß der Große Geist die Berge geschaffen und geformt hatte.

Unter den vielen Bergen, die sie jeden Tag sehen konnten, wenn ihnen nicht die Wolken die Sicht versperrten, gab es einen, der weit über die anderen hinausragte. Diesen hielten sie für den Sitz des Großen Geistes. Hier hatte er seine Heimstatt, wenn er aus den Wolken zur Erde herunterstieg, um nach dem Rechten zu sehen.

Dieser Berg war allen Stämmen, die im Westen des Landes am Fuße der großen Berge lebten, heilig. Wenn sie ihre Sonnentänze zu Ehren des Großen Geistes und der aufsteigenden Sonne veranstalteten, brachten sie Gaben und legten sie am Fuße dieses Berges nieder. Wenn ihre Wettkämpfe beendet waren, gingen die Sieger zum Berg und dankten dem Großen Geist. Und wenn die Jagd auf den Büffel erfolgreich war, wurde am heiligen Berg ein Opfer dargebracht.

Einige ihrer Vorväter hatten entdeckt, daß sich im heiligen Berg eine Grotte befand. Sie waren einstmals hingegangen, doch plötzlich war Furcht über sie gekommen, denn sie wußten nicht, ob sie dieses tun durften. Sie gingen zu einem alten weisen Medizinmann, der in seinem Gedächnis viele Erinnerungen aus der Vorzeit aufbewahrte, um ihn nach seiner Meinung zu fragen.

Der alte Mann hatte jedoch nicht gleich eine Antwort

auf ihre Frage. ,,Kommt in drei Tagen wieder, dann will ich zu euch sprechen.“

In einer hellen Mondnacht, als der Nebel in Schwaden über dem heiligen Berg lag, ging der weise Mann hin und legte sich zu Füßen des Berges nieder, um die Nacht dort zu verbringen. Der Schlaf brachte ihm jedoch keine Antwort auf seine Frage.

Als er dann am nächsten Morgen die Augen aufschlug, sah er einen Adler über sich kreisen. Eine Feder fiel neben ihm ins Moos, und er hörte den Adler sagen: ,,Nimm diese Feder in deine Hände und schließe die Augen. Dann wirt du die Antwort auf die Frage wissen.“

Er schloß die Augen und hörte eine andere Stimme: ,,Dies hier ist mein Berg, und er soll von euch aufgesucht werden, wenn ihr eine Bitte an mich richten wollt. Die Grotte jedoch soll euch verschlossen sein; nur dann, wenn ihr in höchster Not seid, dürft ihr sie betreten.“

Dieses Gebot war fortan allen Stämmen bekannt, und sie respektierten es.

Nun geschah es eines Tages, in der Zeit, da man schon auf die Wärme der aufsteigenden Sonne wartete, daß ein eisiger Sturm über ihr Land fegte. Der Tag verdunkelte sich, Schnee und Hagel peitschten vom Himmel hernieder; die festen Zelte aus Büffelhaut zerrissen, die Vorräte wurden in alle Winde verstreut, und die Feuer konnten nicht entfacht werden.

Die Kleinen weinten, und auch den Frauen schlich die Angst ins Herz. Die eisige Kälte aus dem Norden würde ihnen allen den Tod bringen.

Häuptling ,,Fliegender Pfeil“ war in großer Sorge um die Familien seines Stammes, denn sie alle vertrauten ihm und erwarteten Rat und Hilfe. Er ging hinüber zu seinem alten Freund, dem greisen Medizinmann. ,,Ist unsere Not groß genug, daß wir zum heiligen Berg ziehen dürfen, um in der Grotte Schutz zu suchen?“ Ohne zu zögern, sagte der alte Mann: ,,Auch ich habe an die Grotte gedacht und den Großen Geist befragt. Er wird es uns gestatten.“

Schnell wurde das Wort weitergegeben. ,,Sputet euch, hüllt die Kinder warm ein und nehmt alle Vorräte mit, die

das Unwetter noch nicht vernichtet hat. Der Weg wird beschwerlich sein, doch es ist die einzige Möglichkeit zu überleben."

Am Nordufer des großen Sees hatte ihr Nachbarstamm den gleichen Gedanken gehabt und war schon am Tage vorher zum heiligen Berg geflüchtet, um in der Grotte Zuflucht vor den eisigen Stürmen zu suchen. Die beiden Stämme waren zwar keine Feinde, doch kamen sie selten zu Wettspielen oder anderen Freundschaftsfesten zusammen.

Nach mühseligem Weg erreichten Fliegender Pfeil und die Seinen vollkommen erschöpft die Berg-Grotte; aber sie entdeckten halbverwehte Spuren, die zur Grotte führten und schlossen daraus, daß ihre Nachbarn mit ihrem Häuptling Schwarzer Adler schon Zuflucht gefunden hatten. Es war aber ja genug Platz für alle da.

Als sie jedoch dem Grotteneingang näherkamen, sahen sie mit Verwunderung, daß der Weg in den Unterschlupf mit riesigen Felsbrocken versperrt war.

„Laßt uns schnell ein, denn auch wir wollen uns hier vor den Stürmen schützen!"

„Wir waren zuerst hier und lassen uns den Platz nicht von euch wegnehmen; seht zu, wo ihr unterkommt!" Die Stimme von Schwarzer Adler klang abweisend und kalt.

Ungläubig erwiderte Fliegender Pfeil: „Die Grotte ist groß genug für unser beider Volk, und wir würden euch weder Platz noch Wärme nehmen. Räumt die Felssteine beiseite, wir erfrieren!"

Doch sie hörten nur ein hämisches Lachen, das von den Felswänden widerhallte. Eine Stimme rief noch: „Geht hinüber zur anderen Seite des Berges. Dort könnt ihr euch wärmen; die Tiere der Prärie haben sich auch mit einem anderen Platz abgefunden. Wir waren zuerst hier und machen für keinen den Schutzwall wieder auf!"

Die Frauen drückten ihre Kinder fester an sich. Die Männer des Stammes blickten wütend und verzweifelt um sich. Aber Häuptling Fliegender Pfeil, der wußte, daß nur schnelles Handeln Schutz vor dem Erfrieren brachte, wies seine Männer an: „Kommt, dort drüben unter dem Übergang der Felswand haben die Tiere der Prärie Schutz vor dem tobenden Sturm gefunden. Wir werden sie fragen, ob sie barmherziger sind als die Menschen in der Grotte."

Die Tiere hatten schon gesehen, was am Eingang zur Grotte geschehen war. „Kommt", rief der größte der Büffel und stand auf, "auch wenn wir nicht die besten Freunde sind, leiden wir doch dieselbe Not wie ihr. Kommt herüber, wir werden zusammenrücken und teilen unseren Platz mit euch."

Dort lagen sie nahe aneinander gedrängt: der Büffel und seine Herde, die schönen und schnellen Antilopen, der Wolf und sein Rudel, der stolze Wapiti-Hirsch und seine Gefährten; auch ein großer Schwarzbär war da, den der Sturm aus seinem Winterquartier vertrieben hatte; der von allen gefürchtete Puma lag zusammengerollt daneben und hatte, um keinem Angst zu machen, seine Nase tief unter seinen mächtigen Schwanz gesteckt.

Sie machten, so gut es überhaupt ging, Platz für die halb erfrorenen Menschen. Die Büffel-Kühe, die noch Milch in ihren Eutern hatten, gaben den Kindern die warme Labsal zu trinken; der Wolf kam und leckte ihnen ihre kalten Hände; jedes der Tiere war bemüht, den Neuankömmlingen zu helfen.

In der Nacht lagen alle dicht aneinander gedrängt, und das Fell der Tiere wärmte die Menschen. Keiner von ihnen war erfroren.

Als der Morgen anbrach und seinen ersten hellen Schimmer über die Welt sandte, hatte der Sturm seine Kraft verloren. Jetzt kam sogar die Sonne am östlichen Horizont hervor.

Fliegender Pfeil stand auf und sah sich um. „Der Sturm hat sich ausgetobt, und die Sonne wird uns wärmen und wieder Mut geben. Laßt uns den Weg zurück ins Lager antreten."

Doch nun entdeckte er, daß der Rückweg durch riesige Schneemassen abgeschnitten war; man konnte nicht einmal darüber hinwegsehen. Wie sollten sie hier nur herauskommen?

Auch die Tiere reckten sich und wollten aufbrechen,

denn Hunger plagte sie. Doch auch sie entdeckten die Schneewehen. Wieder einmal wußte der alte Büffel Rat: ,,Wir werden vorausgehen und mit unseren Hufen einen Weg finden."

Aber nur mit großer Anstrengung schafften sie es gemeinsam, einen schmalen Pfad durch den Schnee hindurch zu trampeln.

Endlich lag die weite Prärie wieder vor ihnen, und jeder wollte nun seinen eigenen Weg gehen. ,,Wartet", rief Fliegender Pfeil den Tieren zu, ,,wir möchten uns bei euch bedanken, denn ihr habt unser Leben gerettet. Viel können wir euch zwar nicht anbieten, denn unsere Vorräte sind vom Sturm verwüstet worden; aber wir haben noch trokkenes Gras in unseren Zelten, das eure Mägen füllen wird. Wir selbst brauchen es nun nicht mehr, da die Sonne steigt und uns wärmen wird."

Dem Wolf und seinem Rudel bot er an: ,,Es sind auch noch etwas getrocknetes Fleisch und Fisch da. Das sollt ihr haben, denn wir werden den zugefrorenen See aufschlagen und uns dort holen, was wir zum Essen brauchen."

Den Tieren war es recht, denn in den Tagen des Schneesturms hatten auch sie keine Nahrung finden können.

Zufrieden zogen die Tiere von dannen; nur der Schwarzbär hatte nichts zu sich genommen, denn er hatte noch genug Fettpolster unter seinem Pelz, und das würde ihm bis zum Frühjahr langen.

Fliegender Pfeil und die Seinen machten sich nun an die Arbeit: das Unwetter hatte schweren Schaden angerichtet, aber sie würden jetzt, da es wärmer wurde, bald alles wieder hergerichtete haben.

Drüben auf der anderen Seite des Sees konnten sie immer noch keine Zeichen von Leben erkennen; die verwüsteten Behausungen standen unberührt gegen den Horizont. Noch hatte Fliegender Pfeil in den Tagen der schweren Arbeit jetzt keine Zeit gefunden, darüber nachzudenken, wie er seine Nachbarn für ihre unheilvolle Handlungsweise bestrafen sollte.

In den darauffolgenden Tagen beauftragte er die Männer, die zum Fischen gingen, das Nachbarlager zu beobachten; aber sie hatten nichts Neues zu berichten, keiner ihrer Nachbarn schien bisher zurückgekehrt zu sein. Sollte Schwarzer Adler nicht bemerkt haben, daß der Sturm vorbei war, und noch immer in der Grotte im heiligen Berg hausen?

,,Wir müssen morgen zur Grotte hinübergehen, um zu sehen, was los ist. Vielleicht haben sie es nicht geschafft, einen Weg durch die Schneemassen zu finden."

Er hatte nicht geringe Mühe, seine Männer zu überreden, den Nachbarn, die wohl in der Grotte festsaßen, zu helfen. Viele wollten einfach nicht. ,,Haben sie es denn verdient, daß wir ihnen jetzt beistehen, nachdem sie uns und unsere Familien in allergrößter Gefahr alleingelassen haben?"

Fliegender Pfeil verstand sie wohl. ,,Ja, ihr habt sicher nicht unrecht, doch bedenkt auch, wieviel unverdiente und unerwartete Hilfe uns von den Tieren zuteil geworden ist! Werden wir unseren Kindern nicht später von der Barmherzigkeit erzählen können, und von der Hilfsbereitschaft der Tiere unserer Heimat, wie diese uns Platz und Wärme gaben, als wir es so bitter nötig hatten?" Nachdenklich stimmten ihm die Männer schließlich zu.

Am nächsten Morgen gingen sie gemeinsam zum heiligen Berg, ihrem Dom im Gebirge. Die Grotte aber erreichten sie nicht, denn der furchtbare Sturm hatte den Eingang mit hochaufgetürmten Schneemassen zugeschüttet.

Fliegender Pfeil und seine Männern gingen still in ihr Lager zurück.

Tage, Wochen und Jahre gingen ins Land; nie wieder hat man vom Schwarzen Adler und seinem Stamm etwas gesehen.

Die Legende vom Herzen aus Stein

Vor langer Zeit lebte am Pazifischen Ozean ein Indianer-Stamm, von dem man heute nur noch wenig zu berichten weiß; dort, wo heute auf einer Anhöhe vor den Bergen eine Gruppe seltsamer alter Steine steht, die fast aussehen, als wären sie alte traurige Menschen, geschunden und zerbröckelt vom Wind und Regen.

Schöne, große Menschen waren es gewesen, die dort lebten. In ihren Hütten hatten sie große Reichtümer angehäuft, denn oft überfielen und beraubten sie ihre Nachbarn. Häuptling „Grauer Fuchs" war ihr Anführer; er war listig und grausam und herrschte über sein Volk wie ein Tyrann. Die Stämme, die in der Nähe lebten, fürchteten ihn sehr und mieden jeden Streit.

Doch nicht nur andere Stämme hatten Angst vor ihm, auch die eigenen Krieger; auch sie vermieden es, seinen Unwillen zu erregen; Frauen und Kinder gingen ihm aus dem Wege, denn auch zu ihnen war er unduldsam.

Sein Volk war jedoch sehr kunstfertig und geschickt; ihre Hütten, die sie sich aus dem Holz der nahen Wälder bauten, waren mit kunstvollen Schnitzereien verziert. Am kostbarsten war jedoch die Hütte des Häuptlings selbst ausgestattet; hatte einer seiner Männer in der Freizeit einmal für die eigene Hütte geschnitzt und Grauer Fuchs fand Gefallen daran, so blieb ihm nichts anderes übrig, als das Schnitzwerk dem Häuptling zu überlassen.

Oft kamen auch Häuptlinge anderer Indianer-Stämme, um die Schnitzkünste zu bewundern oder auch gegen vortreffliche Gaben zu erwerben.

So mehrte sich der Reichtum des Stammes im Laufe der Zeit beträchtlich; das meiste jedoch wurde in der großen Häuptlings-Hütte aufbewahrt, und nur Grauer Fuchs selbst entschied, was damit geschah.

So kam es, daß seine Männer unzufrieden wurden. Immer wieder ergab es sich, daß der eine oder andere seiner Krieger die Flucht ergriff, um von anderen Stämmen aufgenommen zu werden oder um mit seiner Familie allein in den unendlichen Wäldern der Westküste zu leben und zu jagen. Wehe dem aber, der sich erwischen ließ und als Gefangener zurückgebracht wurde! Die härtesten Strafen drohten ihm. Denn Grauer Fuchs bestrafte sein Volk hart, selbst für die kleinsten Vergehen.

Eines Tages aber wurde es zuviel: Grauer Fuchs befand, er müsse einen jungen Untertan mit unerbittlicher Härte züchtigen. Auf die Frage, warum ihm denn Strafe drohe, denn er wisse nicht, was er falsch gemacht haben sollte, beschied ihn Grauer Fuchs zynisch: „Das weißt du nicht? Allein deine Frage beweist doch schon, daß du aufsässig und ungehorsam bist!"

Doch trotzig stritt der junge Krieger derartiges ab. Nun aber begann Grauer Fuchs vor Wut zu rasen: er ließ Frau und Kinder des jungen Mannes aus ihrer Hütte holen und tötete sie vor seinen Augen mit einem Streich. Dann erschlug er auch ihn eigenhändig.

Der Große Geist, der alles sieht und über die Menschen mit Liebe und Nachsicht wacht, wurde sehr ungehalten. Schon oft hatte er Grauer Fuchs ermahnt, doch der Häuptling hatte die Warnungen in den Wind geschlagen.

Plötzlich wurde der Himmel pechschwarz, obgleich die Mitte des Tages noch nicht überschritten war; man konnte nur noch eine kleine golden-schimmernde Wolke am Horizont erkennen. Grimmig schallte eine Stimme herunter zur Erde: „Lange genug habe ich deinen Untaten zugesehen, nun ist es endgültig aus mit deinem Treiben. Sturm und Verderben werden über dich kommen, denn du hast es nicht anders gewollt!"

Kaum waren die Worte verklungen, kam ein Sturm auf, wie ihn die Menschen noch nicht erlebt hatten: die Bäume bogen sich nieder bis zur Erde oder wurden mitsamt ihren Wurzeln aus dem Erdreich gerissen; das Wasser des Ozeans färbte sich schwarz, und nur die Kämme der schäumenden Brandung waren noch zu erkennen. Die Hütten wurden eingedrückt, als wären sie aus Schilf gebaut.

Alle hatten die Stimme gehört, und sie wußten, daß ihre Ansiedlung vernichtet werden würde. Nur mühsam gelang es den Männern und Frauen, ihre Kinder aus den Trümmern zu bergen, und alle versuchten, mit dem wenigen, das sie zusammenraffen konnten, die Stätte der Verwüstung zu verlassen.

Am ärgsten aber war die kostbar verzierte Hütte des Häuptlings beschädigt; Grauer Fuchs aber lachte nur und rief in den Wind: ,,Gut so, ich wollte mir schon immer ein größeres Haus bauen, nun haben meine Männer für die kommenden Wochen Arbeit!"

Als er sich jedoch umblickte, sah er, daß die meisten das Lager mit ihren Kindern verlassen hatten. Blaß vor Zorn reckte er beide Hände gen Himmel: ,,Du wirst mich nicht demütigen; immer noch bin ich Häuptling Grauer Fuchs!" Seine Stimme aber wurde vom Sturm verschluckt.

Endlich ließ das Unwetter nach, und Grauer Fuchs erkannte nun, daß keiner seiner Untertanen mehr da war; sogar seine eigene Familie hatte das Weite gesucht.

Langsam befielen ihn Angst und Grauen, und er wurde kreidebleich, als plötzlich die Stimme aus den Wolken hallte: ,,Immer wieder habe ich hören müssen von den Menschen, die dich kennen, du habest ein Herz aus Stein, auch dir war einst ein warmes Menschenherz gegeben, doch du hast es erkalten lassen, und nun ist es zu Stein geworden. Der Stein, den du da in deiner Brust trägst, wird dir Schmerzen bereiten, wie du sie vorher nie kennengelernt hast! Hier, an diesem Ort, sollst du sitzen und warten, bis andere dich gefunden haben." Die Stimme fuhr fort: ,,Ich werde jedoch selbst dir noch eine Chance geben: frage die Menschen, die dich besuchen, warum du so leiden mußt. Und nur wenn die Antwort lautet: ,Weil du ein Herz aus Stein hast', sollen sich deine Pein lindern und die Schmerzen nachlassen!"

Langsam und tief gebückt ging der sonst so stolze Häuptling zu seiner verwüsteten Hütte zurück; der Stein in seiner Brust war kalt und schwer, und die scharfen Kanten schmerzten sehr.

Wieviel Wertvolles lag hier unter den Trümmern begraben, und Grauer Fuchs wollte noch all das bergen, was nicht vollends zerstört war.

Sein Vater war Medizinmann gewesen und hatte zu Lebzeiten über große magische Kräfte verfügt; vieles hatte

Grauer Fuchs von ihm gelernt. Jetzt würde er all sein Wissen und seine Kunst anwenden, sich vom Unheil, das über ihn gekommen war, zu befreien.

Mühsam wühlte er sich durch die geborstenen Bretter seines einst so schönen Hauses, um an die Schätze zu kommen, die er nie zuvor anderen gezeigt hatte. Er fand auch den Holzstab, der schon seinem Vater magische Kraft verliehen hatte. Aber auch Kräuter und Tinkturen waren noch da, die ihm helfen würden, seine furchtbare Pein zu lindern.

Grauer Fuchs nahm den Stab in die Hand und sprach den Wunsch, die Schmerzen sollten ihn verlassen, laut in Richtung Westen, wie es ihn sein Vater einst gelehrt hatte. Aber nichts geschah. Er wiederholte die Prozedur ein zweites und ein drittes Mal, aber der Schmerz wurde größer denn je. Und auch Kräuter und Salben halfen nichts.

So dachte er verzweifelt bei sich: ich werde mit den Raben und Eulen sprechen, sie sollen die Kunde verbreiten, daß ein jeder, der meine Frage richtig beantwortet, die Hälfte meiner Schätze erhält. Die Hälfte?! Wer wußte denn schon, wieviel er wirklich besaß!

Die Raben und Eulen taten, wie ihnen Grauer Fuchs aufgetragen hatte: ,,Wollt ihr Reichtum und Besitz, dann geht hinauf zu Grauer Fuchs, aber seid auf der Hut, denn er hat sich nicht geändert!"

Viele der Nachbar-Stämme hatten schon gehört, daß Grauer Fuchs vom Großen Geist bestraft worden war und waren zufrieden darüber. Aber es gab immer noch viele Männer, die habgierig genug waren, der Aufforderung Folge zu leisten. Alte und junge Männer gingen hinauf, doch erzählte keiner den anderen, was er vorhatte, schämten sie sich doch ihrer Gier nach Reichtum.

Der allererste war der Sohn eines mit Grauer Fuchs verfeindeten Häuptlings. Grauer Fuchs sah ihm kommen. Die Schmerzen in seiner Brust waren groß. Würde er die richtige Antwort geben?

Der junge Mann stand vor ihm. ,,Stelle deine Frage, wie du es uns durch die Raben und Eulen kundgetan hast. So schwer wird sie nicht zu beantworten sein!"

Grauer Fuchs fragte ihn also: ,,Warum muß ich so leiden?" Hochmütig erwiderte der Junge, daß er eine so dumme Frage noch nie gehört habe.

Enttäuschung und Wut stiegen in Grauer Fuchs auf. Er hob den Stab und schlug damit über die Hände des vor ihm stehenden jungen Mannes. Ein grauer Stein stand an seiner Stelle.

Immer mehr Männer kamen, um sich mit einer richtigen Antwort seine Reichtümer anzueignen, und bald stand schon eine ganze Anzahl der seltsam grauen Steine um den alten Häuptling herum. Hier saß er nun Tage und mitunter auch Nächte inmitten der Steinsäulen; und noch immer machte es ihm Freude, wenn ein weiterer Stein dazukam. Seine Schmerzen ließen nicht nach, aber er gab die Hoffnung auf eine richtige Antwort nicht auf.

Viele Männer waren nun verschwunden, und niemand wußte, was mit ihnen geschehen war. Doch irgendwie brachte man das spurlose Verschwinden in Zusammenhang mit Grauer Fuchs. Hatte er, der doch so hilflos sein sollte, nicht doch etwas damit zu tun?

Seine eigene Familie, die sich nach dem Sturm auch ins Tal geflüchtet hatte und bei einem der Nachbarstämme Aufnahme finden konnte, erfuhr auch von solchen Gerüchten. Seine älteste Tochter war inzwischen einem jungen, kräftigen Mann in seine Hütte gefolgt. Sie wußte zwar, daß ihr Vater hart und ungerecht selbst zur eigenen Familie gewesen war, aber das, was man über Grauer Fuchs munkelte, konnte sie doch nicht so recht glauben.

Ihr Mann sprach mit ihr darüber. ,,Soll ich nicht einmal hinaufgehen und sehen, wie es deinem Vater geht? Ich will ihm keine Frage beantworten, denn wir werden auch ohne seine Reichtümer auskommen. Doch sollte ich ihm berichten, daß wir uns zusammengetan haben und bald Nachwuchs erwarten. Vielleicht hat sich nach dieser langen Zeit sein Herz doch geändert."

,,Gerne lasse ich dich nicht gehen. Aber vielleicht hast du Recht. Wenn er tatsächlich so große Schmerzen hat, wie die Leute erzählen, wäre es wohl gut, ihm zu helfen."

,,Furcht habe ich immer noch vor deinem Vater, doch

werde ich vorsichtig sein", erwiderte ihr Mann bitter.

Langsam und nachdenklich ging er die alten, bekannten Wege zum Lager von Grauer Fuchs hinauf. Nun stand er auf dem Platz, der früher zum Tanze, zur Freude und zu Wettspielen gedient hatte. Er, der ja auch einst hier seine Heimat hatte, sah sich um: wie hatte sich doch alles verändert! Die Trümmer der Hütten wurden schon von Gras und anderen Pflanzen überwuchert, manche Plätze, wo früher ihre Holzhütten standen, sahen aus, als hätten dort nie Menschen gelebt.

Was aber hatten die vielen grauen Steine, die er dort drüben sah, zu bedeuten? Wie kamen sie hierher, wer hatte sie hier heraufgeschafft?

Und dicht daneben entdeckte er auch seinen alten Häuptling. Wie alt Grauer Fuchs doch geworden war, nichts war mehr von Hochmut und Stolz zu sehen. Die Furcht, die er früher verspürt hatte, war verflogen. War diese Gestalt, die zusammengekauert gegen einen der unheimlichen grauen Steine lehnte, wirklich der gefürchtete böse Häuptling? Langsam trat er näher.

Nun bemerkte ihn auch Grauer Fuchs und richtete sich auf: „So, auch du findest den Weg zu deinem alten Häuptling! Willst du dich am Schicksal, das ihn getroffen hat, erfreuen? Oder willst du dir einen Teil meiner Reichtümer verschaffen?"

„Darum bin ich nicht hergekommen. Ich bringe dir die guten Wünsche deiner Familie. Auch möchte ich dir sagen, daß ich zusammen mit deiner ältesten Tochter eine Familie gründen werde."

„Meine Tochter sucht sich einen Mann aus, ohne mich vorher um Erlaubnis zu fragen?" Grauer Fuchs spürte ohnmächtige Wut. Er wollte aufstehen, doch die Schmerzen in seiner Brust waren zu groß. „Komm' näher, so daß ich dem Manne, den sich meine Tochter gewählt hat, die Hand zur Versöhnung reichen kann."

Der junge Mann trat auf den Häuptling zu und streckte ihm die Hand hin. Grauer Fuchs hob seinen Stab, und wieder stand ein neuer Stein vor ihm.

Des Häuptlings Tochter hatte schon sehnsüchtig auf ihren Mann gewartet, als die Dämmerung hereinbrach. Die Furcht in ihrem Herzen wuchs, und sie wußte, daß ihr eine schlaflose Nacht bevorstand.

Die Sonne brachte einen neuen Tag, aber ihr Mann war noch immer nicht zurückgekehrt. Böse Ahnungen beschlichen sie. Warum hatte sie den geliebten Menschen nur gehen lassen, sie hätte doch nicht glauben dürfen, daß sich ihr Vater geändert hätte.

So entschloß sie sich, selbst zu ihrer alten Ansiedlung hinaufzugehen. Schon von weitem sah sie ihren alten Vater. Wie hatte er sich nur verändert. Sein einstmals schwarzes Harr hing ihm grau und wirr über die Schultern, in seiner gebückten Haltung erinnerte er an einen alten verkrüppelten Baum.

Aber wo war ihr geliebter Mann? Sie sah sich um und bemerkte die vielen grauen Steine, die sie nie zuvor gesehen hatte. Sie ging näher heran; war das dort drüben dicht an einem der grauen Steinsäulen nicht der Armreif, den sie ihrem Mann geschenkt hatte und den er trug, als er aufbrach, um nach ihrem Vater zu sehen?

Mit seltsamer Klarheit wußte sie plötzlich, was hier geschehen war. Hatte sie nicht schon als Kind raunen gehört, daß ihr Vater einen Zauberstab besaß, der ihm gehorchte und mit dem er die unglaublichsten Dinge bewirken konnte? Hatte nicht vielleicht auch der Zauberstab ihm die Macht gegeben, die er auf so schreckliche Weise ausgeübt hatte?

Hier an diesem Stein lag nun der Armreif ihres Mannes im Gras. Sie trat auf ihren Vater zu, der erst jetzt von ihrem Kommen Kenntnis nahm. „Meine schöne Tochter kommt, um nach ihrem alten Vater zu sehen?“ Zum ersten Mal in seinem Leben stieg Traurigkeit in ihm auf.

Sie sah den kleinen Stab in seiner Hand und griff danach. Der alte Häuptling wollte sie abwehren, doch seine Kraft reichte nicht mehr. Sie hatte den Stab und schlug damit über die nach ihr greifenden Hände des Alten. Ein alter, geborstener Stein stand vor ihr.

Erst viel später, als sie selbst alt war, erzählte sie ihre Geschichte.

Die Legende vom ersten Loon

Vor langer Zeit lebte an den Ufern des Oberen Sees ein Indianer-Stamm, dessen Namen heute keiner mehr weiß.

Es waren friedfertige Menschen. Fischen und Jagen sorgten für ihren Lebensunterhalt. Sie vermieden Zank und Streit mit anderen Stämmen und waren darum viele. Ihr Häuptling, dem sie alle gehorchten, hatte schon in jungen Jahren den Namen „Kluge Eule“ erhalten, und er machte seinem Namen alle Ehre. Er war nicht nur klug und wußte den Reichtum seines Stammes zu erhalten und zu mehren, er war auch sehr bedachtsam und ging nicht unbesonnen in den Kampf. Er versuchte, alles mit Verhandlungen zu regeln.

Seine erste Frau gebar ihm drei Söhne. Doch eine schlimme Krankheit, gegen die auch der Medizinmann machtlos war, nahm ihm die Söhne, als sie noch jung an Jahren waren. Seine Frau grämte sich so sehr darüber, daß auch sie krank wurde und starb.

So nahm Kluge Eule ein junges, schönes Mädchen seines Stammes zur zweiten Frau, und die schenkte ihm ein Kind. Doch als die Freundinnen, die seiner jungen Frau in ihren schweren Stunden beistanden, ihm das Neugeborene nicht sofort hinreichten, wurde er ungeduldig. Zaghaft zeigten ihm die Frauen daraufhin das Baby, wußten sie doch, wie sehr Kluge Eule auf einen Sohn gehofft hatte. Und nun war es ein kleines Mädchen, so zierlich und zerbrechlich, wie sie es vorher nie gesehen hatten. Doch Kluge Eule war wie sein Name: wenn er auch enttäuscht war, so gab er doch niemandem die Schuld daran.

„Ein Federchen“, sagte er, „eine kleine Feder“, und das war der Name, den das Mädchen behielt. „Noch ist mein Sommer lang, und ich werde viele Söhne haben“, sagte Kluge Eule. Seine schöne junge Frau aber grämte sich sehr, daß sie dem Häuptling keinen Sohn geboren hatte. „Meine Zeit ist um“, vertraute sie ihrer alten Freundin an, „ich habe nicht mehr die Kraft, dem Häuptling die Söhne zu schenken, die er sich so sehnlich wünscht. Nimm du mein kleines Mädchen an dein Herz und in deine Obhut. Der Schein der Abendsonne wartet auf mich."

Nun, hoch im Sommer seines Lebens, nahm Häuptling Kluge Eule seine dritte Frau, ein sehr kräftiges Wesen, das ihm die Söhne gebar, die er haben wollte. Doch die ,,Kleine Feder" war ihm sehr ans Herz gewachsen, hatte er doch auch ihre Mutter sehr geliebt.

Weiter im Norden lebte ein anderer Stamm von Indianern, ein zahlenmäßig kleines Volk, denn sie waren streitsüchtig und oft führten sie Kriege mit ihren Nachbarn. Doch sie waren schlau genug, nicht mit Kluger Eule und seinen Kriegern anzubändeln. Denn obwohl Kluge Eule friedfertig war und den Kampf zu meiden versuchte, so waren seine Krieger doch gut gerüstet und verstanden zu kämpfen. Aber immer wieder sandte ,,Schwarzer Biber", Häuptling dieses Stammes, seine Späher aus, um zu erkunden, wie es im anderen Lager aussah.

Die Jahre gingen dahin. Kleine Feder war inzwischen ein hübsches junges Mädchen geworden. Oft, wenn Häuptling Schwarzer Biber mit seinen Söhnen zusammen war, sagte er: ,,Einer meiner Söhne soll die Tochter von Kluger Eule zur Frau nehmen, dann wird er uns von seinem Reichtum abgeben müssen, und wir brauchen es. Sein Jagdgebiet ist groß und sein Anteil am See so weit." ,,Das Mädchen ist so klein und verwöhnt, die könnte mir nicht die Söhne geben, die ich mir wünsche", sagte der Älteste der Söhne. Die anderen schwiegen.

Oft ging Kleine Feder in den Wigwam ihres Vaters und hörte zu, wenn die Männer über Ereignisse innerhalb ihres Stammes oder aus der Umgebung sprachen. Obgleich es nicht üblich war, daß Frauen an solchen Besprechungen teilnahmen, wehrte Kluge Eule seiner Tochter den Platz nie.

Eines Tages fragte sie ihre Stiefmutter: ,,Woran liegt es, daß unsere Männer nicht kämpfen und streiten wie alle anderen? Warum kämpfen die anderen so oft? Ich finde es schrecklich, wenn die Menschen so böse zueinander sind". ,,Darum solltest du dich nicht kümmern. Sei froh, daß dein Vater ein so weiser Mann ist und Frieden hält.

Aber du hast schon recht; es ist schlecht, wenn Menschen Freude am Töten haben.“

Oft ging Kleine Feder weit ab vom Lager spazieren auf Pfaden, die zu gehen den Frauen und Mädchen des Stammes verboten war. Zu leicht konnten sie in fremdes Gebiet geraten, und es würde schwer sein, sie auf friedlichem Wege zurückzuholen.

So fand Kleine Feder eines Tages einen Weg, von dem sie wohl hatte erzählen gehört, doch bisher hatte niemand diesen Pfad gefunden. Mitten durch das sumpfige Gebiet am Oberen See führte er. Vorsichtig mußte man sein, um nicht im Wasser zu versinken. In kurzer Zeit war sie dann auf fremdem Gebiet. Sie konnte das Lager des Stammes von Häuptling Schwarzer Biber sehen und erkannte es an seinen Stammeszeichen. Weiter aber wagte sie sich nicht, hatte sie doch schon im Zelt ihres Vaters nichts Gutes von den kriegerischen Nachbarn gehört. Man würde sie nicht wieder gehen lassen, wenn man sie jetzt fände. Schwarzer Biber und seine Krieger wären erbarmungslos.

Eines Tages nun wanderte sie wieder diesen Weg entlang, obgleich sie wußte, wie gefährlich es war. Plötzlich hörte sie ein Plätschern im Wasser und beugte ihren Kopf vorsichtig durch das Gesträuch, um zu sehen, was es war. Erschreckt sah sie einen jungen Mann aus dem Wasser auftauchen. Die beiden sahen sich verwundert an.

„Wie kommst du denn hierher?“ fragte der junge Indianer. Das Herz von Kleiner Feder war voller Schrecken. Dann aber dachte sie bei sich, daß er so gefährlich nun auch wieder nicht aussah, und konnte sich nicht vorstellen, daß er zum Stamm ihrer streitbaren Nachbarn gehörte. „Gehörst du zum Stamm von Kluge Eule? Wie hast du nur den Weg durch den See gefunden? Viele haben ihn vergeblich gesucht. Auch ich glaubte nicht, daß es ihn gäbe.“

Der junge Indianer konnte die Angst in ihren Augen lesen. „Hab' keine Furcht, ich tue dir nichts. Niemand weiß, daß ich hier bin.“ Kleine Feder wandte sich zum Gehen. „Willst du wieder einmal hierher kommen? Ich werde auf dich warten.“ Und er sandte ihr einen Ruf nach,

seinen seltsamen Ruf. Silbern stand der Vollmond über dem Lager, als sie heimkam.

Ihre alte Vertraute hatte schon Ausschau nach ihr gehalten, liebte sie das Mädchen doch, als wäre es ihre eigene Tochter. ,,Du darfst nie wieder so spät nachhause kommen. Wenn das dein Vater erfährt, wird er zornig und es dir verbieten. Es ist Zeit, daß dir dein Vater einen Mann auswählt. Wenn du dann Kinder hast, wirst du nicht länger ziellos umherwandern."

,,Warum soll mein Vater mir den Mann aussuchen, dessen Kinder ich zur Welt bringen werde? Ich will mir meinen Lebensgefährten selber wählen."

,,Sei still, damit dich niemand hört. Es ist noch immer so gewesen, daß der Vater den Mann aussucht, dessen Feuer seine Tochter erhalten muß."

Kleine Feder vergaß alle guten Vorsätze und Versprechungen, die sie der alten Vertrauten gemacht hatte. So oft es ihr möglich war, schlüpfte sie hinaus und ging den heimlichen Weg durch den tiefen Sumpf, um den jungen Krieger zu treffen.

Immer kam er durch den See. ,,Du kannst schwimmen wie eine Ente; ja, ich glaube, sogar noch besser. Du kannst so lange tauchen, daß ich oft fürchte, dir sei etwas zugestoßen." ,,Schwimmen und tauchen kann ich wohl, viel besser als alle meine Brüder. Doch das zählt nicht viel bei unserem Stamm. Kämpfen und Töten ist mir zuwider. Und darum habe ich auch kein großes Ansehen bei uns."

Durch seine Erzählungen erfuhr Kleine Feder, daß Ischoaa der jüngste der Söhne von Häuptling Schwarzer Biber war. ,,Mein Vater", sagte Kleine Feder, ,,möchte mit allen Nachbarn in Frieden leben."

,,Weit ist sein Land und seine Seen sind voller Fische. Kluge Eule hat es leicht, in Frieden zu leben. Bei uns gibt es oft karge Zeiten, und wir müssen kämpfen, um nicht zu verhungern", verteidigte Ischoaa seine Stammesbrüder. ,,Doch nein, Kleine Feder, ich glaube, sie würden auch streiten und kämpfen, wenn es nicht notwendig wäre", gab er dann zu.

Im Lager seines Vaters war es tatsächlich ärmlich; die

Beute aus ihren letzten Kämpfen war gering gewesen. Außerdem hatten sie große Verluste erlitten. Es war wohl schon so, wie Ischoaa zu Kleine Feder gesagt hatte. Der Winter kam, und Häuptling Schwarzer Biber machte sich Sorgen; es mußte ein Ausweg gefunden werden.

,,Wir müssen etwas tun", sagte Schwarzer Biber zu seinen Söhnen und Kriegern. ,,Kluge Eule sitzt auf seinem Reichtum, fett und zufrieden. Er muß uns davon abgeben." ,,Willst du gegen Kluge Eule ins Feld ziehen?" fragte ihn sein ältester Sohn. ,,Nein, mit Waffen können wir nichts gegen ihn ausrichten, wir müssen es auf andere Weise versuchen. Du bist mein erstgeborener Sohn, meine Federkrone wird eines Tages deinen Kopf schmücken. Du sollst die Tochter von Kluge Eule als deine Frau in dein Zelt holen. Dann wird er uns geben, was wir brauchen, denn ich habe erfahren, daß er das Mädchen sehr liebt."

Als Ischoaa davon hörte, erschrak er sehr. Niemals würde Kleine Feder mit seinem Bruder, dem Rauben und Töten das größte Vergnügen bereitete, glücklich werden können. Er wußte aber auch, daß die Seinen es niemals zuließen, daß er, der Jüngste, der Kämpfen und Streiten haßte, die Tochter des mächtigen Häuptlings in sein Zelt heimführte.

Schwarzer Biber sandte die Nachricht hinüber zu seinem Nachbarn Kluge Eule. Bald würden er und seine ältesten Söhne hinübergehen, um alles zu besprechen. Die Antwort, die Kluge Eule gegeben hatte, war nicht abweisend. Ischoaa ward das Herz schwer. Wußte Kleine Feder schon davon?

Wieder schwamm er zu ihrem verborgenen Treffpunkt. Schon war es Herbst, und das Wasser wurde kälter. Doch er mußte mit seinem Mädchen sprechen, ehe alles zu spät war. Der-Schrei des Wasservogels klang wieder über den See. Als Ischoaa das traurige Gesicht seiner Geliebten sah, versprach er alles zu tun, um seinen Vater umzustimmen. Still hörte sie ihn an. ,,Wenn ich einen deiner Brüder heiraten müßte, so würde ich lieber sterben", sagte sie dann zu ihm.

Ischoaas Brüder hatten sich schon manchmal gewundert, daß er trotz der kalten Jahreszeit immer noch im See schwimmen mochte. Neugierig versuchten sie die Gründe zu erforschen und hatten eines Tages auch herausgefunden, daß er sich mit einem Mädchen traf. Doch konnten sie in der Dunkelheit des Abends das Stammeszeichen nicht mehr erkennen.

„Es ist die Tochter von Kluge Eule. Und sie ist willens, mir in mein Zelt zu folgen", sagte Ischoaa dann später trotzig zu seinen Brüdern. Der älteste Bruder wurde böse. Obgleich er das Mädchen einst als klein und verwöhnt abgetan hatte, wollte er doch niemals zulassen, daß ausgerechnet sein jüngster Bruder die Tochter des reichen Häuptlings heimführte. Wütend ergriff er seine Streitaxt und schleuderte sie nach Ischoaa, der jedoch blitzschnell zur Seite sprang, so daß die Waffe ihr Ziel verfehlte.

Um diesem furchtbaren Streit aus dem Wege zu gehen, sprang der junge Indianer in den See und tauchte unter in der Hoffnung, daß seine anderen Brüder den Ältesten zur Vernunft bringen könnten. Doch als er wieder an die Oberfläche kam, stand sein Bruder am Ufer und spannte den Bogen; der Pfeil traf ihn tödlich.

Langsam sank Ischoaa in die Tiefe. Der Wassergeist nahm in behutsam in seine Arme und brachte ihn wieder an die Oberfläche. „Wollen wir ihn zurückrufen zu den Lebenden?" fragte der Wind. „Nein, es würde ihm kein Glück bringen. Mir ist er lieb wie ein Sohn, und auch er hat das Wasser geliebt. Er soll bei mir bleiben." Mit seiner nassen Hand strich er Ischoaa übers Gesicht: ein Wasservogel, wie ihn der See bisher nicht gesehen hatte, schwamm auf den Wogen. „Ich nenne dich ‚Loon', und du sollst der schönste von allen sein!"

„Kleine Feder" rief er über den See. Sehnsüchtig und traurig klang der Ruf. Kleine Feder fühlte, daß etwas Schreckliches geschehen war. Sie wagte nicht, den heimlichen Pfad zu gehen. Abends stand sie am Ufer und hörte den klagenden Ruf. „Was ist das für ein Vogel, der da ruft?" hatte sie die anderen Mädchen gefragt, doch niemand konnte ihre Frage beantworten. Hatte man jemals diesen Ruf gehört?

Häuptling Schwarzer Biber machte sich mit dreien seiner Söhne und mit seinen besten Kriegern bereit, dem Stamm der Nachbarn seinen Besuch abzustatten.

„Es ist deinetwegen", sagte die alte Vertraute zu ihr, „drei Söhne bringt Schwarzer Biber. Dann wird doch wohl einer dir gefallen." „Drei Söhne?" fragte Kleine Feder erschrocken, „hat er nicht noch mehr?"

„Ja, er hat sechs; es waren einmal sieben, doch den Jüngsten haben die Brüder umgebracht. So jedenfalls habe ich es erzählen gehört." „Warum haben sie das nur getan?" fragte Kleine Feder ganz leise. „Er soll ein Mädchen aus einem anderen Stamm geliebt haben. Das hat den Brüdern nicht gefallen, und da haben sie ihn getötet."

„Meine Träume haben es mir erzählt. Ischoaa, ich komme! Ich habe deinen Ruf gehört."

Kluge Eule ließ seine Tochter rufen: „Schwarzer Biber wird mit seinen Söhnen und einigen Kriegern kommen, um uns einen Besuch abzustatten. Nicht immer bin ich einverstanden mit dem Tun und Treiben seines Stammes. Doch müssen wir uns hier mehr zusammenschließen. Völker aus dem Süden kommen herauf. Es wird gut sein, mit allen Nachbarn und Stämmen gute Freundschaft zu halten. Du bist jetzt in den Jahren, daß du das Herdfeuer im Wigwam eines Kriegers in Flammen halten sollst. Schwarzer Biber bringt seine Söhne mit, und es wird einer darunter sein, der die gefällt."

„Du weißt, daß ich alle deine Wünsche erfülle." Kleine Feder sagte es sehr leise zu ihrem Vater. „Der Vollmond steht in der nächsten Nacht hoch am Himmel. Schwarzer Biber und seine Söhne werden da sein, und ich werde ein Fest zu seinen Ehren abhalten."

Am nächsten Morgen, ganz in der Frühe, ging Kleine Feder hinunter zum See. Wieder hatte sie in der Nacht die klagende Stimme des Wasservogels gehört. Sie beugte sich tief zum klaren Wasser hinunter, und die Wellen des Sees brachten ihr eine kleine Feder, schwarz und weiß. Sie hob sie auf. „Ischoaa, ich komme; ich komme zu dir!"

Der Abend kam heran. Große Vorbereitungen waren schon getroffen, und alles war zum Empfang bereit.

Schwarzer Biber kam in vollem Kriegsschmuck mit seinen Söhnen und Kriegern. Das Fest begann mit viel Pomp. Als der Mond am höchsten stand, sandte man zum Lager der Frauen, um Kleine Feder zu holen. Doch sie war verschwunden. Man suchte im ganzen Lager, aber niemand wußte, wo sie war.

Kluge Eule ließ die alte Vertraute seiner Tochter rufen. Wo ist meine Tochter, sie sollte sich bereit halten!" Kluge Eule war ungehalten. Er konnte nicht verstehen, daß seine Tochter ungehorsam war. Die alte Frau zitterte vor Angst, doch auch sie konnte keine Auskunft geben.

„Ich sah sie hinuntergehen, sie ging zum See", rief eine der Frauen, die in der Nähe standen.

Und so war es auch. Als der Trubel seinen Höhepunkt erreicht hatte, war Kleine Feder zum See gelaufen. „Ischoaa, ich komme, ich komme."

Langsam glitt sie in das kalte Wasser. Der barmherzige Wassergeist, der ihre Geschichte kannte, nahm sie auf. Sanft wehte der Nachtwind. „Nun seid ihr für immer vereint." Zwei Vögel wiegten sich auf den dunklen Wellen des Sees.

Wer den Ruf des Loon hört, vergißt ihn nie. Manche sagen, es sei eine verirrte Seele; andere meinen, es sei die Sehnsucht, die in seinem Rufen widerklingt. Doch mitunter sagt jemand, es klinge wie Lachen und Weinen zugleich: der Ruf des Loon.

Die Legende vom Schwarzen See

Vor langer Zeit lebte am östlichen Rand der weiten Prärien ein Indianer-Stamm in der Nähe eines großen klaren Sees, der Schwarzer See genannt wurde, weil er unendlich tief war.

Häuptling „Graue Eule“ stand vor seinem Zelt und freute sich über den warmen Sonnenschein. Alles ging nach seinen Wünschen. Seine Söhne hatten bei den Wettkämpfen gezeigt, wie tollkühn und stark sie waren, und wie gut sie Pfeil und Bogen zu handhaben wußten. Wohl hatte es ein paar Männer gegeben, die noch besser waren als sie, doch seine Söhne waren jung und würden noch geschickter werden.

Graue Eule hatte zwei Söhne und eine Tochter. Seine Tochter! Die Männer wandten sich nach ihr um, wenn sie vorbeiging, denn sie war nicht nur schön, sondern auch feinfühlig und klug.

Doch irgendwie hatte er ein schlechtes Gewissen, wenn er an Chelia, seine Tochter, dachte. Sein Freund und Kampfgefährte aus alten Tagen, Häuptling „Kluger Wolf“, hatte seine Frau durch Krankheit verloren und wollte nun wieder eine Frau in sein Zelt holen. Und seine Wahl war auf Chelia gefallen. Und er, Graue Eule, hatte ihm seine Tochter auch versprochen.

Kluger Wolf hatte alles, was einer Frau gefallen konnte: er regierte über einen großen Stamm, seine Krieger waren gute Kämpfer; wenn Büffel-Jagd war, brachten sie die besten Tiere ins Lager. Kluger Wolf genoß großes Ansehen auch bei anderen Stämmen. Von ihm auserwählt zu werden, konnte einer Frau schon gefallen.

Graue Eule hatte mit seiner Frau darüber gesprochen. Sie jedoch hatte ihn gewarnt. „Kluger Wolf ist ein alter Mann; er hat Söhne, die älter sind als unsere Tochter, und seine eigenen Töchter haben schon Männer und selbst Kinder. Ich glaube nicht, daß Chelia einem alten Mann in sein Zelt folgen möchte.“

„Was wird sie denn wollen? Den jungen Mann etwa, der den Siegespreis im Wettkampf gewann? Gewiß, er war gut im Kampfspiel. Doch was hat er sonst noch zu bieten? Der Sohn des Medizinmannes! Ich weiß, die beiden waren viel zusammen, und es hat mir noch nie so recht gefallen.“ Seine Frau hatte dazu geschwiegen. Sollte sie ihm sagen, daß sich ihre Tochter gerade diesen Mann auserkoren hatte? Schon oft war Chelia, wenn sie angeblich mit anderen jungen Mädchen zusammenkam, um zu arbeiten oder auch nur um zu reden und zu lachen, hinunter zum Schwarzen See gelaufen, um sich dort mit ihrem Geliebten zu treffen.

Der Schwarze See, in dem ein Wassergeist leben sollte; der Schwarze See, dessen Wasser sich im Sturm tiefschwarz färbte und dessen Ufer gefährlich sein konnten, wenn man nicht acht gab. Noch nie war einer, der aus Unvorsichtigkeit über die steilen Klippen in den See fiel, wieder aufgetaucht. Der Schwarze See wurde von allen gemieden, man ging nicht gern in seine Nähe.

Hier traf sich die schöne Häuptlingstochter mit dem Mann ihrer Wahl. Hier waren sie vor Spähern und neugierigen Augen sicher. Wohl wußte Chelia, daß es ihrem Vater nicht recht war, wenn sie gesehen würden; sie war auch sicher, daß er zornig werden würde, wenn sie ihm erzählte, daß sie gerade diesem jungen Mann in sein Zelt folgen wollte. Aber noch immer hatte ihr Vater ihren Wünschen nachgegeben; sie hoffte inständig, er würde es auch diesesmal tun.

Heute nun hatte ihr die Mutter offenbart, daß ihr Vater einen Mann für sie ausgewählt hatte; den Namen hatte ihr die Mutter jedoch zunächst nicht gesagt. Aber natürlich hatte sie ihre Mutter hart bedrängt, und schließlich erfuhr sie ihn dann auch. Kluger Wolf? Das konnte ihr Vater doch nicht wollen. Kluger Wolf hatte Söhne, die älter waren als sie. Wenn es noch einer der Söhne gewesen wäre! Nein, niemals würde sie seine Frau werden wollen! Sie hatte ihre Wahl getroffen.

Kluger Wolf hatte in den letzten Wochen, wenn er in ihr Lager gekommen war, immer Geschenke für sie mitgebracht, war so freundlich zu ihr gewesen. Das war ihr zwar aufgefallen, aber sie hatte sich nichts weiter dabei ge-

dacht. Kluger Wolf – ihr Mann? Sie wollte lachen, doch wurde ihr das Herz schwer.

Heute hatte sie wieder ihren Geliebten an den Ufern des Schwarzen Sees getroffen, an dem Platz, den beide schon so gut kannten. Sie mußte ihn heute bitten, zu ihrem Vater zu gehen, um sie zur Frau zu verlangen. Joak wollte eigentlich noch damit warten, um noch mehr Siege zu erringen, die dem Häuptling sicher imponiert hätten. Aber sie wußte, daß sie ihm auch sagen mußte, welche Pläne ihr Vater mit ihr hatte, und daß sie lieber in den Schwarzen See springen würde, als dem alten Häuptling in sein Zelt zu folgen.

Ja, das würde sie auch ihrem Vater sagen, obwohl sie scheußliche Angst vor dem Wassergeist hatte. Aber hatten die alten Leute nicht erzählt, daß der Wassergeist Gutes tat? Daß er Menschen half, wenn sie ihn um Hilfe baten? Und wenn sie ihren Vater nicht umstimmen konnte, sollte sie dann wirklich den Wassergeist um Hilfe bitten?

Ihr Freund wartete schon, als sie am See eintraf. An ihrem Gesicht konnte er unschwer erkennen, daß sie großen Kummer hatte. Joak dachte daran, daß ihm sein Vater, als er ihm von seinen Plänen mit Chelia erzählte, bedeutet hatte, er könne nicht glauben, daß Graue Eule einverstanden sein würde; Graue Eule würde seine Tochter doch sicher eher einem Häuptling oder einem Häuptlingssohn zur Frau geben, einem Manne, der für ihn wichtig ist, denn Graue Eule sei nicht ohne Herrschsucht und darauf aus, seine Macht und Einfluß zu vergrößern. Da würde sich die Tochter doch bestimmt seinem Willen fügen müssen. Sein Vater hatte ihm dieses nur ungern gesagt, wußte er doch, wie es um die Gefühle seines Sohnes stand. Und er hatte ein Feuer entzündet für Joak. „Sieh nur, der Rauch ist noch schwarz, und ich kann noch nichts erkennen. Aber jetzt werden die Farben blau und golden; ich glaube, daß deine Wünsche trotz aller Widrigkeiten in Erfüllung gehen werden.“ Joak war seinem Vater dankbar. Diese Antwort hatte ihm Mut gegeben.

Die letzten Sonnenstrahlen erhellten die Zweige der umliegenden Bäume, aber bald wurde es jetzt Abend;

der Schwarze See sah nun dunkel und geheimnisvoll aus.

Die beiden jungen Menschen setzten sich ins Gras und starrten schweigsam auf den See hinaus. Dann sagte Chelia zu ihrem Geliebten: ,,Du hast wohl bemerkt, daß ich dir etwas Schreckliches zu sagen habe. Ich weiß auch nicht so recht, wie ich es anfangen soll, ich kann noch gar nicht glauben, daß mein Vater solche Pläne mit mir hat. Kluger Wolf und er sind übereingekommen, daß ich Kluger Wolf in sein Zelt folgen soll.“

Joak war zutiefst erschrocken. Häuptling Kluger Wolf! Gegen ihn würde er nicht ankommen. Aber hatte ihn sein Vater nicht schon gewarnt und von schweren Tagen gesprochen? Doch die Flammen des Feuers hatten von einem guten Ende gekündet. Joak war jung und nicht so leicht zu entmutigen, es würde noch alles gut werden. Hatte er nicht in vielen Wettspielen gesiegt und Ansehen erlangt? Wie oft hatte er davon geträumt, einmal selbst Häuptling zu werden, einen eigenen Stamm zu haben und mit allen Nachbarn in Frieden und Einvernehmen zu leben.

,,Laß uns nicht traurig sein! Wir werden deinem Vater sagen, daß wir unser Leben gemeinsam gehen wollen. Ich würde ihm und deinen Brüdern ein aufrichtiger Freund sein.“

Chelia weinte. ,,Einen alten Mann soll ich nehmen, nur weil es mein Vater so will. Niemals werde ich zustimmen! Lieber springe ich hier in den Schwarzen See.“

,,Nein, Chelia, dein und mein Leben gehören zusammen, und wir werden es mutig und aufrichtig deinem Vater sagen und ihn um seine Einwilligung bitten.“

Im Lager von Kluger Wolf hatte es auch erhebliche Aufregung gegeben. Der Häuptling hatte seinen Söhnen erzählt, er wolle noch, ehe der Winter hereinbrach, eine junge Frau in sein Zelt holen. ,,Es ist die Tochter von Graue Eule, eine junge Frau wie Chelia wird mir gut tun. Ich wünsche, daß ihr sie als eure neue Mutter gut aufnehmt!“

Seine Söhne waren verwundert über diese Wahl. Eine so junge Frau? War ihr Vater denn sicher, daß Chelia ihm in sein Zelt folgen mochte? Sie konnte doch seine Tochter sein und ihre Schwester.

,,Viele Jahre werde ich noch leben. Ich habe immer noch große Kraft. Graue Eule und ich werden dann zusammen ein großes Gebiet beherrschen. Noch heute will ich meine Brautgaben hinübersenden. Ich will nicht länger damit warten.“ Und zu seinem ältesten Sohn gewandt, fügte Kluger Wolf hinzu: ,,Du wirst hinübergehen und die Gaben überreichen.“

Doch dann schien ihm dieses nicht das richtige zu sein; sein Sohn war noch jung. Konnte Chelia nicht vielleicht dann Gefallen an ihm finden? ,,Ich werde besser selber gehen, es ist sowieso noch vieles zu besprechen.“

Sorgfältig suchte Kluger Wolf die Brautgaben aus und machte sich sodann auf den Weg. Meine Söhne werden denken, ich wäre schon ein alter Mann. Aber noch kann ich eine junge Frau glücklich machen!

Im Lager von Graue Eule wurde er von allen Seiten begrüßt. Es hatte sich schon herumgesprochen, daß er die schöne Tochter des Häuptlings in sein Lager führen wollte. Aber Zweifel herrschte doch bei vielen vor. Würde Chelia diesem alten Mann in sein Zelt folgen?

,,Rufe unsere Tochter“, befahl Graue Eule seiner Frau. Doch Chelia war nicht im Frauenhaus, und auch bei den anderen Mädchen war sie nicht zu finden. ,,Wir haben sie heute Abend noch nicht gesehen; ich glaube, sie ist am Nachmittag zum Schwarzen See hinuntergelaufen“, gab jemand Auskunft.

Graue Eule wurde böse. ,,Was macht meine Tochter um diese Zeit am Schwarzen See? Ich werde selber gehen und sie holen. Wir werden bald zurück sein.“ Kluger Wolf wollte ihn begleiten, ungern willigte Graue Eule ein.

Joak und Chelia waren trotz ihrer großen Sorgen glücklich miteinander und bemerkten die Herankommenden nicht. Ihr Vater glaubte seinen Augen nicht zu trauen, als er seine Tochter mit einem Mann am Ufer des Sees entdeckte. Er erkannte Joak zunächst nicht, und eine ohnmächtige Wut packte ihn: mit fremden Männern tut sich meine Tochter also zusammen!

Zu Tode erschrocken war das junge Liebespaar aufgesprungen. Graue Eule wollte den jungen Mann packen, aber Chelia stellte sich mutig vor ihn. Hart stieß ihr Vater sie zurück, so daß sie stolperte und rücklings über die Klippen hinab in den See stürzte. Joak besann sich nur einen Moment, dann sprang er ihr in die dunkle Tiefe hinterher, um die Frau, die er liebte, zu retten. Doch Chelia mußte schon in den Fluten versunken sein, denn er fand sie nirgends. Noch einmal tauchte der Kopf des jungen Mannes auf, dann war auch er nicht mehr zu sehen.

Graue Eule und Kluger Wolf standen lange noch reglos am Ufer. Stumm gingen sie ins Lager zurück.

Die beiden jungen Menschen waren in die Tiefe des Sees gesunken. Still und freundlich nahm sie der Wassergeist auf. ,,Kommt zu mir, ich werde euch helfen", murmelte er ihnen zu.

Zwei weiße Wasservögel kamen an die Oberfläche; der Mond war aufgegangen, und große Ruhe lag über dem Wasser und dem Land.

,,Seid nicht traurig", sagte der Wassergeist, ,,vor euch liegt ein gutes Leben. Hört zu, was ich euch zu sagen habe. Weit, sehr weit von hier, über den hohen Bergen, die dort im Westen sind, liegt ein anderes Land. Es ist schön, mit vielen Bäumen und Blumen, wie ihr sie nie gesehen habt. Und freundliche Menschen leben dort. Das soll eure neue Heimat sein. Ihr werdet ein großes Lager sehen, in dem viele freundliche Männer und Frauen mit ihren Kindern leben. Aber die Menschen dort sind traurig, denn ihr Häuptling, den sie alle sehr geliebt haben, ist gestorben, und seine Frau ist mit ihm in den Tod gegangen. Seit drei Tagen schon trauern die Menschen, und morgen abend kommt die Zeit, da sie dem Feuer übergeben werden sollen. Es ist ihnen geweissagt worden, daß ihr Häuptling und seine Frau in junger Gestalt aus dem Feuer wieder auferstehen werden. Und das sollt ihr beiden sein!"

Chelia und Joak sahen sich glücklich an.

,,Ihr dürft euren Flug dorthin nicht unterbrechen, und ich weiß, daß ihr dieses Gebot einhalten werdet. Wenn die hohen Berge hinter euch liegen, dann werdet ihr im Schein der untergehenden Sonne ein großes Wasser sehen. Dort ist eure neue Heimat. Der weiße Rauch, der vom Totenlager in den Himmel steigt, wird euch den genauen Weg weisen. Trauernde Menschen werden das Totenlager umgeben. Nun ruht euch für den anstrengenden Flug aus, denn morgen in der Frühe müßt ihr aufbrechen!"

Der Morgen kam, und hell schien die Sonne über die weiten Prärien. Dorthin, wo die Kette der hohen Berge leuchtete, ging ihr Flug. Ein einziges Mal nur sah sich der Vogel, der im Menschenleben den Namen Chelia getragen hatte, um, und das Herz wurde schwer. ,,Sieh dich nicht um, wir müssen unsere Zeit und das Versprechen einhalten."

Sie mußten höher steigen, als die schneebedeckten Berge näher kamen. Die Sonne stand noch hoch am Himmel, und sie fühlten keine Müdigkeit. Langsam ging der Tag in den Abend über. Und dann endlich sahen sie es, das weite Wasser, von dem der Wassergeist gesprochen hatte. Und sie konnten die unendlich vielen Bäume erkennen, die es hier gab. Bald sahen sie auch die weiße Rauchsäule, die ihnen den Weg zum Lager wies.

,,Dreimal müßt ihr durch den Rauch fliegen, und alles weitere wird so kommen, wie es bestimmt ist." So hatte der Wassergeist ihnen gesagt.

Sie waren müde vom weiten Flug, doch jetzt hatten sie ihr Ziel erreicht. Sie konnten schon die erhobenen Hände der Menschen erkennen. Dreimal flogen sie durch den Rauch und sanken langsam dann hinab. Und plötzlich standen sie auf der Erde, jung und schön!

Der Rauch hatte ihnen alle Erinnerung an ihr früheres Leben ausgelöscht. Hier war ihre Heimat, und es kam ihnen so vor, als ob sie alles kannten, was sie umgab.

Laute Jubelrufe begrüßten die beiden, und sie fühlten in sich das Glück aufsteigen. Hand in Hand schritten sie in das Häuptlingszelt, das schon über und über mit Blumen geschmückt war.

Lange Jahre haben sie ihren Stamm geführt, und der Name des Häuptlings war weithin berühmt. In ihren alten Tagen kam es vor, daß die Frau des Häuptlings an stillen

Abenden, wenn der warme Wind vom Pazifik herüberwehte, zu ihrem Lebensgefährten leise sagte:

,,Wie schön ist es hier, und doch glaube ich, daß ich ein Land kenne, in dem die Winter kalt sind und eisige Stürme über die weiten Flächen ziehen. Andere Blumen blühen dort, und das Leben ist hart. Wie gut, daß wir hier leben."

Ganz fest hielt ihr Mann sie umfangen.

Die Legende vom Weißen Büffel

Vor langer Zeit, als die Büffel die Prärien bevölkerten, geschah es, daß eine Büffelkuh ein weißes Kalb zur Welt brachte. Die Kühe, die um sie herumstanden, um ihr in der Stunde der Geburt beizustehen, kamen erstaunt näher, um sich das Neugeborene genauer anzusehen. ,,Ein weißes Kind", sagte eine alte Büffelkuh, ,,ein weißes Kind bringt Unglück über die Herde."

,,Aber sieh nur, wie stark es ist und welch seidenweiches Fell es hat. Das kann doch kein Unglück bedeuten." Die junge Mutter leckte ihr Kind mit großer Fürsorge und Zärtlichkeit trocken und dachte bei sich: ob weiß oder braun, ich will mein Kind liebhaben.

Das Kleine wuchs heran. Es war sehr schön, und die ganze Herde liebte nun das kleine weiße Wesen, und jeder umsorgte es. Vergessen war das Wort vom Unglück.

Die Jahre gingen dahin. Der weiße Bulle wurde stärker und noch schöner. Bald würde man sehen können, ob seine Nachkommen auch so weiß würden wie der Vater. Das aber war nicht so, denn die Söhne, die ihm geboren wurden, waren rotbraun oder dunkel wie alle anderen, nur an beiden Seiten des Halses hatten sie handgroße weiße Flekken, während die weiblichen Nachkommen gar keine besonderen Merkmale hatten.

Die Führer der Büffelherde wurden alt, und es mußte ein junger Büffel zum neuen Anführer gewählt werden. Da machten sie den starken weißen Büffel zu ihrem Oberhaupt, und sie taten gut daran. Denn er war nicht nur stark, sondern auch klug. So kam es, daß sie auch in den kältesten Wochen immer noch etwas zum Essen fanden. Auch wußte er die Herde wohl zu leiten, so daß sie Schutz vor den eisigen Stürmen fanden.

Nun konnte es nicht ausbleiben, daß auch die Menschen mit den Adlerfedern im Haar auf die Herde mit dem weißen Büffel aufmerksam wurden.

Als eines Tages einer der Büffel mit den weißen Flecken von einem der Indianer erlegt wurde, fanden auch die Menschen sein Fell wunderbar weich und das Fleich von besonderem Wohlgeschmack. Fortan entstand unter den Indiandern die Legende, daß derjenige, der einen Büffel mit weißen Flecken erlegte, ein ganzes Leben über Glück bei der Jagd haben sollte. Auch die Indianer anderer Gegenden hörten davon, und es begann eine schwere Zeit für die Büffelherde. Der weiße Führer wußte sehr wohl, daß es die weißen Flecken am Hals seiner Söhne waren, die ihm und den Seinen so viel Not brachten.

„Ich muß etwas unternehmen, um das Blutvergießen zu verhindern. Wir müssen hinaufziehen in den Norden, damit die Menschen vergessen, daß es eine Herde gegeben hat, dessen Oberhaupt weiß ist, und daß es Büffel mit weißen Flecken gibt."

Unbarmherziger denn je ward die Jagd auf die seltsam gezeichneten Tiere. „Im hohen Norden ist es kalt, und wir werden kein Futter finden", warnten einige der Büffel, „wir werden verhungern." „Lieber verhungern als ewig gejagt zu werden", erwiderte der Weiße Büffel. Da sie ihm vertrauten, folgten sie ihm willig auf seinem Weg nach Norden. Doch dieser Weg war hart und unerbittlich.

„Hilf uns doch, Schöpfer aller Dinge", bat er eines Abends, als er sah, wie seine Herde litt. „Nimm mich, laß mich sterben, denn ich bin für all dies verantwortlich. Aber bitte hilf den Jungen, so daß auch sie ein Leben auf deiner schönen Welt haben!"

Da entdeckte er bald darauf einen schmalen Pfad, der in die Berge der Rocky Mountains führte. Seine Herde wunderte sich wohl, zögerte jedoch nicht, ihm zu folgen. Höher wurden die Berge, immer steiler, und härter wurde auch der Marsch der Büffel. Müde waren sie und fühlten sich elend und hungrig.

Der alte Führer wandte sich um; so weit er sehen konnte, war ihnen kein Jäger auf der Spur. Sehnsuchtsvoll glitt sein Blick über das Land, das einmal ihres war. Doch weiter ging es in die Berge hinein. Als ihre Kraft beinahe schon am Ende war, sahen sie plötzlich ein schönes großes Tal zu ihren Füßen liegen und erreichten frohen Mutes dieses Paradies. Hier schien lange Stunden die Sonne hinein, und die eisigen Stürme aus dem Norden konnten sie nicht treffen. Auch im tiefsten Winter würden ihnen die hohen Berge Schutz geben, und unter dem Schnee würden sie noch genug finden, ihren Hunger zu stillen.

Doch der Weiße Büffel wußte wohl, daß diese neue Heimat nicht sicher genug war, hatte er doch in seinem Leben die Habsucht der Menschen kennengelernt. Es würde immer einige geben, die sich der Herde mit dem weißen Büffel erinnerten. Immer wieder würden die Jäger der Indianer versuchen, diese begehrte Beute zu jagen und voller Stolz dann nach Hause zu bringen.

So sagte er eines Tages zu den Seinen: „Hier sind wir sicher, vielleicht für einige Jahre. Doch die Menschen werden nicht aufgeben, nach uns zu suchen. Wählt euch einen anderen Führer, denn ich habe noch etwas anderes zu tun. Ich bin alt, und mein Leben ist bald vorbei. Doch um euch in dieser neuen Heimat Sicherheit zu geben, will ich zurückgehen. Die Menschen werden dann nicht wissen, daß wir hier eine neue Heimat gefunden haben."

Seine Herde wollte nichts davon wissen. Doch er blieb fest in seinem Entschluß zurückzuwandern, um die Menschen zu täuschen.

Der alte Weiße Büffel nahm Abschied und machte sich auf den Weg. Tag um Tag marschierte er, und es ward ihm beschwerlich, denn seine Beine waren nicht mehr jung. Der neue Winter brach herein, und nach unendlich harten Wochen erreichte er die alten Weideplätze.

Hatte er früher immer sehr darauf geachtet, daß man ihn nicht sah, so nahm er jetzt keine Rücksicht darauf. Er war alt und müde, und sein Lebensweg war vollendet.

So fanden ihn schließlich die Jäger. Sie hatten sich schon gefragt, wohin die Herde mit dem weißen Führer wohl gezogen sein mochte. Jetzt hatten sie die Herde jedoch wiedergefunden, so glaubten sie jedenfalls.

Weithin sichtbar war der weiße Büffel gegen den dunklen Winterhimmel; stolz und aufrecht stand er auf dem Kliff, tief unter ihm brodelte ein reißender Strom.

Die Jäger kamen immer näher, denn jeder wollte als erster seinen Pfeil in die begehrte Beute jagen. Es gab immer mehr Gedränge, und schließlich wurden die Indianer böse

untereinander. Jeder wollte den Bullen für sich allein haben, jeder der Held sein.

Langsam sank der Bulle vornüber. Kein Pfeil hatte ihn getroffen. Stolz und freiwillig ging er seinen letzten Weg, und der eiskalte Strom führte ihn hinweg.

Die Jahre gingen dahin. Die Legende vom Weißen Büffel jedoch lebte weiter. Niemand hat seither je etwas wieder von ihm gesehen.

Die Legende vom Sohn der Büffel

Vor langer Zeit lebte in der Nähe der Rocky Mountains im Westen Kanadas ein kleiner Indianer-Stamm, dessen Name heute nicht mehr bekannt ist.

Es war ein friedfertiges Volk; sie wollten nicht streiten und nicht Kriege führen; die Männer aber waren gute Jäger und Fischer.

Eines Tages geschah, was sie alle heimlich schon immer befürchtet hatten. Ein zahlenmäßig großer Stamm von Indianern zog aus dem Süden näher an ihre Weideplätze, um sich einen Anteil an den Büffelherden und am Fischreichtum der umliegenden Seen zu erbeuten.

Wohl stellten sich die Männer zum Kampf, doch die Übermacht der Eroberer war viel zu groß, als daß sie überhaupt eine Chance haben würden. Frauen, Kinder und die alten Leute versteckten sich in den nahen Waldungen und Büschen. Noch waren die Feinde nicht im Lager angelangt, doch bald schon würden sie da sein.

Eine junge Indianerin hatte sich mit ihrer alten Mutter und ihrem kleinen Sohn zusammen mit anderen im dichten Unterholz versteckt, und sie erlitten bangen Herzens das Geschrei der wütenden Kämpfe. Als es still wurde, stand sie auf. „Bleibt ihr hier im Unterschlupf, vielleicht entdecken sie uns hier nicht. Ich aber will gehen und nachsehen, was mit unseren Männern ist.“ Wie ein Schatten war sie verschwunden.

Die alte Frau drückte sich tiefer ins Gebüsch und hielt den Jungen fest im Arm. „Wir müssen ganz still sein, damit sie uns nicht finden. Sie werden bestimmt kommen, um alles zu holen.“ „Sie sind da“, flüsterte der Junge. Seine Ohren waren besser als die der alten Großmutter. Beide saßen sie da und wagten nicht, sich zu rühren.

Die feindlichen Indiander suchten nach Wintervorräten, fanden aber nur wenig, denn diese waren wohlweislich gut versteckt. Sie suchten auch in den Büschen und entdeckten schließlich die alte Frau und den Jungen. Auf ihre Frage nach Wintervorräten konnten die beiden nicht antworten, da ihnen die Sprache fremd war. Böse rissen sie den Jungen an sich und schlugen die alte Frau brutal nieder.

Am Morgen des nächsten Tages schlich die junge Indianerin ins Lager zurück, um nach Sohn und Mutter zu sehen. Zusammengesunken lag die alte Frau voller Schmerzen unter einem der Bäume. Traurig sah sie zu ihrer Tochter auf: „Sie haben den Jungen mitgenommen, ich konnte sie nicht daran hindern!" „Wo sind die anderen Frauen und Kinder? Haben sie die auch gefunden und mitgeschleppt?" Die alte Frau schüttelte den Kopf." Die waren besser versteckt und sind nicht gefunden worden." Die Indianerin sah sich vorsichtig um: „Ich muß mit den anderen reden; der Feind scheint sich zurückgezogen zu haben, aber sie haben alle Männer und auch die Verwundeten mitgenommen."

Nach längerem Suchen und leisen Rufen fand sie die anderen, die Alten, die Frauen und Kinder. „Wir müssen das Lager verlassen, denn sie werden wiederkommen. Unsere Männer werden ihnen zeigen müssen, wo die Vorräte sind. Vielleicht bald schon, vielleicht erst in einigen Tagen. Sie haben auch meine alte Mutter gefunden und sie niedergeschlagen, und meinen Sohn haben sie mitgenommen. Ich will jetzt gehen und versuchen, ihn zurückzuholen. Wollt ihr euch um meine Mutter kümmern?"

Wohl verstanden die Frauen, daß sie ihren Sohn suchen wollte, doch glaubten sie nicht so recht daran, daß es ihr gelingen würde, ihn unversehrt zurückzubringen.

Die junge Frau ging vorsichtig durchs Lager, um zu versuchen, etwas Eßbares für sich selbst aufzutreiben, denn sie mußte Kraft haben, wenn sie diesen gefährlichen Weg gehen wollte. Ihr kleiner Sohn war klug und gewandt; wenn sich die Möglichkeit der Flucht ergeben sollte, würde er sie sicher wahrnehmen. Sie machte sich auf den Weg.

Ihre Augen waren scharf, und sie konnte Fährten gut lesen. Bald fand sie, was sie suchte. Die Feinde hatten keinerlei Vorsicht walten lassen. Warum auch! Wer sollte ihnen etwas antun?

Der Abend kam und mit ihm die Dunkelheit. Ihre Müdigkeit war groß, und die Angst um ihren Sohn machte es

ihr nicht leichter. Unter einem Baum auf weichem Moos schlief sie erschöpft ein.

Ganz früh am anderen Morgen war sie wach. Sie schaute um sich und entdeckte Spuren: hier mußten sie gewesen sein, vor noch nicht allzu langer Zeit! Sie untersuchte die Spuren sehr sorgfältig, und dann fand sie es: zwischen den Abdrücken der großen Männerfüße sah sie die kleinen Fußspuren, das waren die ihres Kindes!

Vorsichtig folgte sie der Fährte, und erreichte bald einen Platz mit vielen Spuren durcheinander und mit verkohlten Holzresten. Hier hatten die feindlichen Indiander ihr Nachtlager aufgeschlagen. Sie würden den Jungen an einen Baum gebunden haben, um nicht in ihrer Nachtruhe gestört zu werden. Jetzt entdeckte sie auch den Baum, und die Stricke aus Büffelleder hingen noch am Stamm. Doch sie waren nicht aufgeknotet oder zerschnitten, sie waren durchgescheuert! Ihr Herz klopfte laut: ihr kleiner Sohn hatte also versucht zu fliehen. Dann sah sie die kleinen Fußabdrücke, die in einiger Entfernung im Gras verliefen und von anderen Fußspuren zertreten waren.

Sie überlegte. Würde ihr Sohn, um seine Häscher zu täuschen, den Weg zum eigenen Lager eingeschlagen haben? Oder hatte er eine andere Richtung der Flucht gewählt? Sie suchte lange die Umgebung ab, doch endlich fand sie, was ihre Hoffnung auf sein Entkommen zur Gewißheit werden ließ. Sie glühte vor Aufregung. Hier hatte er, tief im Gebüsch versteckt, abgewartet, bis die Feinde ihr Suchen aufgegeben hatten!

Weiter ging der Weg, seinen kleinen Spuren vorsichtig folgend. Die Herbstsonne war warm, der Wind von den nahen Bergen gewährte Kühlung. Nun wurde seine Spur deutlicher, und sie konnte förmlich fühlen, wie von hier ab ihr kleiner Sohn mit Erleichterung weitergelaufen war, denn es waren jetzt keine Verfolgerspuren mehr zu sehen. Die Männer, die ihm folgten, waren bei ihrer Suche nicht sehr sorgfältig gewesen; vielleicht hatte man sie auch zur Eile angetrieben. So konnte es gewesen sein.

Ihr Herz wurde leichter. Doch warum war ihr Sohn von hier an nicht zum Lager zurückgeschlichen? Sie blieb stehen, um zu überlegen, warum ihr Sohn gerade diese Richtung eingeschlagen hatte. Zu den Bergen? Lange dachte sie nach. Aber plötzlich erinnerte sie sich: hatte ihr Mann nicht oft davon gesprochen, daß ihre Lage hier in der offenen Prärie für einen kleinen Stamm wie den ihrigen nicht sicher genug sei? Mit seinem Bruder und einigen der anderen Männer hatte er noch vor einigen Wochen wieder darüber geredet. Und sie hatte es gehört, auch ihr kleiner Sohn stand dabei.

Ihr Mann hatte gemeint, es sei besser, in die Berge zu ziehen. Der Schutz würde viel größer sein. Auch sollte dort ein Indianer-Stamm leben, der mit ihnen verwandt und befreundet war. Nur eines, so hatte ihr Mann hinzugefügt, wäre ihm nicht klar, nämlich ob der andere Stamm auch jetzt noch dort lebte, denn man hatte einmal etwas von einer Krankheit gehört.

Hatte ihr kleiner Sohn seinen Vater so gut verstanden? Wollte er nun versuchen, Hilfe zu holen oder einen besseren Platz zum Leben zu finden? Ihr kleiner Sohn? Trotz der großen Sorge um ihn wurde ihr Herz ganz warm.

Nun erinnerte sie sich wieder: ihr Sohn hatte gefragt, warum sie nicht dort leben könnten. „Unser alter Häuptling ist hier geboren, und auch die anderen alten Leute unseres Volkes. Sie wollen hier bleiben und glauben auch nicht so recht daran, daß uns irgend jemand unser Land streitig machen könnte.“ Ja, so hatte ihr Mann damals gesagt. War ihr Sohn wirklich gegangen, um einen neuen Platz für sie alle zu finden?

Und weiter folgte sie den Spuren ihres Sohnes und entdeckte auch den Platz, wo er die Nacht zugebracht hatte. Ihr Blick wandte sich den schimmernden Hängen der Berge zu: sie schienen so nah, doch wußte sie, daß die klare Luft täuschte; der Weg würde noch weit sein.

In dieser Nacht schlief sie besser. Das erste Licht des neuen Tages weckte sie. Hier war das Land schon höher. Und dort, dort sah sie eine kleine Herde von Büffeln, die in der Nähe der ersten Anhöhen ihren Weideplatz hatten.

Die Spuren führten direkt auf die Herde zu. War er etwa mitten durch die Büffel gewandert? Sie stand ganz still.

Die Bullen konnten doch gefährlich werden, denn sie kannten die Menschen nur als ihre Feinde. Zögernd ging sie weiter. Die Herde sah friedlich und ruhig aus. Einige Kühe lagen, andere standen herum und grasten. Auch die Bullen schienen sich auszuruhen.

Jetzt war sie schon in unmittelbarer Nähe. Nicht weit von ihr entfernt lag eine Büffelkuh, und einige andere standen um sie herum. Die Augen der jungen Frau wurden groß, und ihr Herz schlug bis zum Hals hinauf: eng an die Kuh gekuschelt lag ihr kleiner Sohn und schlief!

Reglos stand sie da; die Büffelkühe schienen durch ihre Nähe nicht beunruhigt zu sein. Leise und zögernd nur rief sie den Namen ihres Sohnes. Er wachte gleich auf, reckte sich kurz und lief ihr entgegen, als er sie erkannte. Er zog seine Mutter näher an die Büffelkuh heran. „Sie hat mir Milch gegeben. Sie sind alle freundlich zu mir.“ Furchtlos beugte er sich zur Kuh hinab und streichelte sie, und sie ließ es geschehen.

Mutter und Sohn gingen nun gemeinsam mit ruhigen Schritten durch die Herde; fast sah es so aus, als ob die Kühe ihren kleinen Gast behalten wollten, denn sie kamen ein Stück des Weges mit ihnen. Dann aber blieben sie zurück.

Ganz nah waren sie nun schon an den Bergen, denn beide wollten nun gemeinsam versuchen, den Stamm, von dem ihr Mann gesprochen hatte, zu finden. Plötzlich hörte sie einen Ruf, und ein Mann kam auf sie zu. Sie erkannten, daß es ein alter Indianer war. Er sah ihnen entgegen, als ob er sie erwartet hätte. Dann hob er seine Hand, um ihnen seinen Freundesgruß zu entbieten. „Seid willkommen! Lange habe ich Ausschau nach euch gehalten.“ Seine Sprache war der ihrigen verwandt, doch sie verstanden den Sinn seiner Worte nicht.

„Ihr werdet hungrig sein und müde von eurem Weg. Essen und ein Ruhelager warten auf euch.“ Damit führte er sie hinauf zu den Felsen.

Hier waren Gänge und Steinhöhlen. Der alte Mann geleitete sie zu einer halboffenen Höhle, wo Essen angerichtet war. Scheu sahen beide sich um, doch der Alte lächelte sie an, sagte aber kein Wort und machte es ihnen so bequem wie möglich.

Nachdem sie ihren Hunger gestillt hatten, nahm er den Jungen an die Hand und bedeutete der Frau, ihm zu folgen. In einer anderen Steinkammer war ein Lager bereitet. Schön und weich mit dicken Bärenfellen. „Ruht euch aus, ihr werdet müde sein. Euer Weg war weit, doch nun habt ihr euer Ziel erreicht. Morgen reden wir weiter." Ohne Angst schliefen Mutter und Sohn schnell ein.

Am anderen Morgen wurden sie schon früh wach. Sie traten aus ihrem Schlafraum ins Freie und blickten über die Prärie. Ruhig graste unweit von hier die Herde der Büffel. Wieder war ein Mahl für sie hergerichtet worden. Nachdem sie gegessen hatten, bedeutete der Alte ihnen, sich zu ihm zu setzen, und begann zu erzählen:

„Vor mehr als einem Menschenleben ist mein Stamm aus dem kalten Norden hierher gezogen. Hart und bitter war dort das Leben. Das karge Land und die eisigen Winde waren nur schwer zu ertragen. Und hier fanden wir Schutz und Sicherheit. Wild gab es genug, Pflanzen und Kräuter wuchsen überall, und der See hier in der Nähe hatte reichlich Fische. Wir litten keinen Hunger und lebten in Frieden, denn niemand wußte von uns. Für einen Angreifer wäre es auch schwer gewesen, uns hier zu verdrängen. Bald kannten wir jeden Weg in der Umgebung und hätten uns gut verteidigen können. So hätte unser Stamm in Frieden und Sicherheit leben und wachsen können.

Doch wie es so ist: die jungen Männer und auch die Frauen wurden sorglos und übermütig. Es tat nicht gut.

Die großen Büffelherden, die es damals hier gab, halfen zu unserem Unterhalt, doch es war genügend andere Nahrung da, so daß wir es nicht nötig hatten, die Büffel hart zu plagen. Unsere Männer aber machten Jagd auf sie, obgleich wir ihr Fleisch und ihre Felle nicht brauchten. Sie taten es aber, um zu zeigen, wer am mutigsten war, wer seine Pfeile am besten abschießen konnte. Es war für sie ein Wettspiel, diese Geschöpfe zu töten.

Die Älteren und die Bedachten unter uns warnten vor

solchem Treiben, aber wir wurden nur verlacht und verspottet.

Die Herden wurden immer kleiner und die Bullen bösartig, doch das unsinnige Treiben hörte nicht auf. Unser Schöpfer sah die Not der Büffel, und wir wurden gewarnt, mit den bösen Spielen aufzuhören. Doch wir Alten konnten gegen die Jugend nichts ausrichten, unsere Bitten und Warnungen wurden nur noch mit ärgerem Treiben beantwortet.

Dann aber kam der Tag, der uns allen zeigte, daß man nicht ungestraft Böses tun darf: Regen, Hagel und Sturm peitschten vom dunklen Himmel herunter; die Felsmauern, die wir für unzerstörbar hielten, wurden von der Gewalt der Blitze zerschlagen. Durch das Grollen und Toben des Unwetters kam eine Stimme: ‚Schändlich habt ihr gehandelt an den Kreaturen, die ich für euch geschaffen habe, denn auch sie haben ein Recht zu leben. Unfrieden, Krankheit und Hunger soll euer Los sein! Kein Büffel darf mehr durch eure Hand sterben. Nicht eher will ich mein Gebot ändern, bis daß ein Büffel einem Menschen in seiner Not hilft, ihm Wärme und Geborgenheit und Nahrung gibt!‘ Es kam, wie uns verkündet wurde. Krankheit und Unfrieden waren unter uns. Die kräftigsten Männer starben über Nacht, und wir konnten nichts dagegen unternehmen. Auch die Kinder starben in frühen Jahren, und die Mütter verzweifelten. Viele flüchteten aus der Gemeinschaft; es half ihnen aber nichts, denn auch in der Fremde gingen sie zugrunde.“

Nach langem Schweigen erzählte der alte Mann weiter: „Mit einigen anderen versuchte ich, die Freundschaft der Büffel wiederzugewinnen, aber wir durften ihnen nicht zu nahe kommen, und ich verstand ihre Abneigung.“

Seine Augen richteten sich auf den Jungen. „Nie habe ich die Hoffnung aufgegeben, daß eines Tages ein Wunder geschehen würde und wir das Zutrauen der Büffel wiedererlangen, daß uns die Schuld vergeben würde. Denn auch wir Älteren waren mitschuldig am bösen Treiben, waren wir doch den Übermütigen nicht fest genug entgegen getreten. Noch sind meine Augen scharf, und immer wieder sah ich hinunter zur Büffelherde und hoffte!"

Der Alte sah seine Gäste lächelnd an: „Als ich dann deinen Sohn ohne Furcht auf die Herde zugehen sah, wußte ich plötzlich, daß unser größter Wunsch in Erfüllung gehen würde. Eine Büffelkuh bot ihm ihre Milch und gab ihm Wärme für die Nacht. Die Bullen blieben friedlich und ließen es geschehen."

Wieder hob der alte Mann, wie schon einmal, seine Hand zum Zeichen der Freundschaft: „Sohn der Büffel, du sollst unser Häuptling werden, und wir werden deinen Worten gehorchen!"

Stumm saß die junge Frau da, und ihr Sohn drückte sich an sie.

„Meine Freunde und Stammesbrüder kommen immer wieder und fragen, ob es noch ein Wunder geben wird. Jetzt habe ich ihnen die frohe Nachricht überbringen lassen. Zu eurem Lager habe ich auch eine Anzahl meiner Männer entsandt, um die Frauen mit ihren Kindern und die alten Leute eures Stammes zu holen, damit auch sie hier in Sicherheit ein neues Leben beginnen können. Einige unserer guten Späher habe ich auch zum Lager eurer Feinde ausgesandt; sie sollen mit euren Männern Verbindung aufnehmen, und wir werden versuchen, sie zu befreien."

Heiß wurde das Herz der jungen Frau. Zum erstenmal nach diesen bitteren Tagen stiegen ihr die Tränen in die Augen, und sie konnte nichts dagegen tun. Sie senkte ihren Kopf tief, um es nicht zu zeigen.

Der alte Mann aber stand auf und legte seine Hände auf ihre Schultern: „Ich danke dir, daß du uns diesen Sohn geboren hast."

Die Legende vom seltsamen Gast

Vor langer Zeit lebte auf den Prärien im westlichen Kanada eine große Zahl von Indianer-Stämmen; ihre Namen sind heute nur noch wenigen bekannt. Oft waren diese Stämme miteinander befreundet oder auch verwandt. Sie kamen zusammen, um gemeinsam ihre Feste zu begehen.

Eines dieser Feste war das der wiederkehrenden Sonne; es wurde mit großer Ausgelassenheit und Freude zu Ehren des Großen Geistes gefeiert, des Großen Geistes, der über sie alle herrschte, dem Sonne, Mond und Sterne untertan waren, der den Blitz und den Donner schleuderte, und der ihnen beistand, wenn sie sich in Not befanden.

Sie kamen zusammen, um Wettspiele abzuhalten: wer den Pfeil am weitesten senden konnte, wer den hochfliegenden Adler aus dem Himmel schoß, wer der schnellste Läufer war und noch vieles andere.

Doch nicht alle der Stämme waren friedlich. Es gab auch Streit unter ihnen; oftmals aus Gründen, welche die Kämpfenden gar nicht mehr deutlich angeben konnten. Hatten ihnen die Häuptlinge früherer Generationen dies Gefühl der Feindschaft hinterlassen? Oft auch wurden Kriege geführt, um den Besitz zu mehren, um sich einen größeren Anteil an fischreichen Seen oder ein größeres Jagdgebiet voller Büffel anzueignen.

An einem der großen Seen lebten zwei Indiander-Stämme, deren Namen der Wind verweht hat; doch einiges aus ihrem Leben ist noch bekannt. Der Stamm, dessen Häuptling „Weißer Wolf" hieß, wohnte am Nordufer des Sees; am Südufer hingegen war der Stamm, der von Häuptling „Schneller Hirsch" angeführt wurde, zu Hause.

Weißer Wolf und sein Stamm lebten hauptsächlich von der Fischerei; doch jagten sie auch den Büffel; die Häute der mächtigen Tiere dienten ihnen als Wände für ihre Zelte, für ihre Schuhe; die Sehnen für Pfeil und Bogen. Sie ernteten den wilden Reis, der an den flachen Ufern des Sees wuchs. Die Winter waren lang und kalt; aber der Stamm war stets versorgt. Wurzeln und Kräuter wußten die Frauen gut zu verwerten, ebenso war die Borke der jungen Sträucher und Bäume hilfreich gegen Krankheiten.

Auch wenn sie ein friedliches Leben führten, bewiesen sich die Männer als gute Krieger und wußten Pfeil und Bogen vorzüglich zu gebrauchen.

Der Indianer-Stamm im Süden war nicht von friedlicher Sinnesart. Er verfügte zwar auch über große Gebiete, aber Häuptling Schneller Hirsch wollte seinen Anteil an See und Land vergrößern. Jedesmal, wenn seine Späher, die er immer wieder aussandte, um zu erkunden, was im Lager des Häuptlings Weißer Wolf vorging, zurückkamen und berichteten, daß sich die Männer im Norden wieder einige Büffel erjagt hatten, wurde er böse: „Die sollen Fische essen! Das Recht, die Büffel zu töten, gehört nur uns!"

Was dem Häuptling das Recht gab, sich und seinem Stamm solchen Vorzug anzumaßen, wußte niemand zu erklären. Nie war zwischen beiden Stämmen eine solche Abmachung getroffen worden.

Der Sommer ging dahin; Herbststürme überfielen das Land. Ein langer und harter Winter kündigte sich an. Weißer Wolf rief seine Getreuen zusammen: „Die Sonne geht schon früh zur Ruhe; der Winter wird bald hereinbrechen. Die Büffel sind fett geworden vom guten Sommerfutter und zeigen sich nicht mehr so wild wie in den Tagen der aufsteigenden Sonne. Wir werden uns noch einige Tiere erjagen, um unsere Wintervorräte aufzufüllen."

Kaum hatten Weißer Wolf und seine Männer die erbeuteten Büffel ins Lager gebracht, da stand Häuptling Schneller Hirsch mit einer Schar von Kriegern vor ihnen. „Du weißt, Weißer Wolf, daß die Jagd auf Büffel mein alleiniges Recht ist. Lange habe ich zugesehen, wie du dir meine Büffel geholt hast. Das muß ein Ende haben!"

Schneller Hirsch hatte seine Nachbarn so unerwartet und überraschend angegriffen, daß an eine Gegenwehr nicht zu denken war.

„Wir haben nur wenige Tiere eingebracht; es sind noch mehr als genug für dich und deinen Stamm da!"

„Ich werde dir zeigen, wie ich darüber denke!"

Auf einen Wink von Schneller Hirsch raubten die Männer das Fleisch, die Häute und alles, was sonst noch dazugehörte und packten es auf die mitgebrachten Schlitten. Dann stürmten sie den Schuppen, in dem andere Wintervorräte lagerten: getrocknete Fische, Reis, Gemüse und Wurzeln. Alles rissen sie an sich. Und was nicht mehr auf ihren Schlitten Platz fand, das warfen sie auf die Erde und trampelten mit den Füßen darauf herum. Voller Hohngelächter verließen sie schließlich das Lager von Weißer Wolf.

Es kehrte große Trauer und ohnmächtige Wut im Lager ein. Der See war zwar noch nicht zugefroren, doch hatten sich die Fische zu dieser Zeit bereits in tiefere Regionen zurückgezogen. Der Reis war abgeerntet und das Schilf leer. Wurzeln und Gemüse, die noch nicht gesammelt und gepflückt waren, hatte der erste Nachtfrost vernichtet. Nur ein kleines Vorratslager hatte der Feind übersehen, aber wie lange sollte der Vorrat reichen?

Weißer Wolf sah seine Männer an. Kämpfen? Womit sollten sie kämpfen? Der Feind hatte nicht nur den größten Teil ihrer Wintervorräte geraubt, sondern auch ihre Pfeile und Bogen zerbrochen und verstreut. Schneller Hirsch hatte es gut berechnet: Wenn ihr Stamm halb verhungert war, würde er mit seinen Kriegern nachstoßen und keine Gegenwehr mehr finden. Es würde ihn und seine Männer keinen Tropfen Blut kosten, ihren Stamm auszulöschen.

Hoffnungslosigkeit senkte sich über das Lager der Besiegten. In einem der Zelte teilte eine schöne junge Frau ihren Kindern das Essen zu. „Können wir noch etwas mehr bekommen, Mutter, wir haben noch Hunger." Traurig sah die Mutter zu ihren Kindern hinunter. „Nein, ihr müßt jetzt schlafen gehen, für heute muß es genug sein."

Plötzlich hörte die junge Frau ein Geräusch, als machte sich irgend jemand am Eingang ihres Wigwams zu schaffen. Konnte es der Wind sein? Doch es schien tatsächlich so, als wolle jemand zu ihr ins Zelt dringen. Sie trat ins Freie, um zu sehen was es war, Mensch oder Tier. Im Dunkel der Nacht konnte sie nicht sogleich erkennen, wer

Einlaß begehrte, doch dann stolperte sie beinahe über ein unförmiges Bündel.

Sie bückte sich und erkannte, daß es eine Frau war, die ihr hilfesuchend die Hand entgegenstreckte. Sie versuchte, sie aufzurichten, doch es gelang ihr nicht. Die Fremde schien am Ende ihrer Kraft.

Nantuasa, das war der Name der jungen Frau, gab sich große Mühe. Schließlich schaffte sie es, die Fremde aufzurichten und auf ihre Lagerstatt zu geleiten. Im dämmerigen Licht offenbarte sich der Helferin ein uraltes Gesicht. Wer – um alles in der Welt – läßt ein so altes, schwaches Geschöpf in dieser Jahreszeit allein im Freien umherirren?

Die Fremde murmelte etwas, und obgleich es eine fremde Sprache zu sein schien, verstand Nantuasa doch den Sinn ihrer Worte: eine Bitte um Erbarmen. Sanft, um ihr nicht weh zu tun, begann Nantuasa der alten Frau die eiskalten Hände zu reiben, dann die Füße und schließlich den ganzen Körper.

Die Kinder waren schon fest eingeschlafen und hatten nichts von diesem nächtlichen Besuch gemerkt, und Nantuasa war froh darüber. Sie setzte das Essen aufs Feuer, das sie für ihren Mann und sich angerichtet hatte, und bot es dem seltsamen alten Gast an. Die Fremde schlang das Mahl hastig hinunter; sie mußte sehr hungrig gewesen sein.

Nach dem Essen legte sie sich wieder hin, und Nantuasa deckte sie mit einem Büffelfell zu. „Es ist wenig, was ich dir anbieten konnte. Aber nun schlafe ein, denn du bist hier bei Freunden.“

Die Fremde legte ihre Hand über die der jungen Frau. Welch ein seltsames Gefühl der Freude! Hatte sie eben noch gedacht, welch ein großes Opfer das Gastmahl doch für sie und ihre Familie war, so wurde ihr nun plötzlich ganz warm ums Herz, und sie hatte das Gefühl, daß irgendwie alles wieder gut werden würde.

Nantuasa hörte ihren Mann kommen. Wieder einmal waren die Männer bei ihrem Häuptling zusammengekommen, um gemeinsam zu beratschlagen, wie sie aus ihrer Notlage herauskommen sollten. Aber keiner hatte Rat gewußt, und verzweifelt waren sie auseinandergegangen. Wie sollte es nur weitergehen?

Sie machte ihrem Mann ein Zeichen; nun sah auch er die Fremde. Er trat näher, beugte sich hinunter zu ihr, doch schien sie tatsächlich eingeschlafen zu sein. ,,Wir werden mit ihr teilen, was wir haben. Aber wie es weitergehen soll, wissen wir alle nicht.“ Nantuasa sah ihren Mann an; noch nie hatte sie sich mit ihm so verbunden gefühlt wie gerade jetzt.

Bevor sie und Thekum, ihr Mann, an diesem Abend schlafen gingen, beugten sie sich noch einmal über ihren Gast. Die dunklen Augen des alten Gesichts sahen zu ihnen auf, und sie murmelte einige Wörter, die die beiden nicht so recht verstanden. Vielleicht hatte sie gesagt: ,,Der Große Geist sieht alles und wird euch beistehen“.

In den darauffolgenden Tagen wurde die kleine Ration, die ihnen zustand, mit ihrem Gast geteilt.

Wieder beratschlagten die Männer im Zelt des Häuptlings über ihre gefährliche Lage; alle waren durch die karge Kost geschwächt. Je länger sie diskutierten, um so auswegloser schien ihnen alles zu sein. Die Schwächeren ihres Stammes lagen schon krank in ihren Zelten, und sie wußten nicht, was sie dagegen unternehmen konnten. Auch Häuptling Weißer Wolf begann zu verzweifeln.

Die seltsame alte Frau hatte sich nach einigen Tagen schon wieder so erholt, daß sie ein wenig aufsitzen konnte. Sie winkte Nantuasa zu sich: ,,Ihr teilt mit mir euer Essen, doch sehe ich, wie dürftig es bei euch zugeht. Wie kommt es nur, der See ist doch voller Fische?“ ,,Das Wasser ist in diesem Jahr früh gefroren, und die Fische sind in der Tiefe. Die kräftigsten unserer Männer haben zwar das Eis gebrochen, doch gefangen haben sie nichts.“ Nantuasa erzählte ihr nun, wie Häuptling Schneller Hirsch mit seinen Kriegern gekommen war und ihre Wintervorräte und Waffen geraubt und zerstört hatte.

Die alte Frau schwieg lange und erwiderte dann langsam: ,,Auf meinem Weg hierher habe ich gesehen, daß einige der alten Bäume mit ihren Wurzeln tief im Wasser stehen. Ist euch nicht bekannt, daß die Fische auch im

Winter Luft brauchen? Oft sammeln sie sich im Wurzelwerk der Bäume, wenn das Eis zu stark für sie ist. Dort müßtet ihr sie doch zwischen den Wurzeln herausfischen können."

Nantuasa war ganz still. Wenn es wirklich so wäre? „Alte Mutter, wenn es wirklich so ist, wie du sagst, dann hast du uns allen unendlich damit geholfen!"

„Meine gute Tochter, geh' hinüber zu den Männern. Morgen früh, wenn das erste Licht des Tages kommt, werden die Fische versuchen, Luft zu bekommen. Das ist die beste Zeit, sie zu fangen."

Beinahe hätte Nantuasa vergessen, sich bei ihrem alten Gast für diesen so hoffnungsvoll scheinenden Ratschlag zu bedanken, so eilig hatte sie es, dem Häuptling und den anderen zu erzählen, was sie soeben gehört hatte.

Sie wunderte sich nicht, daß sie die Männer still ansahen und keine Worte fanden. Weißer Wolf stand auf, trat auf sie zu und legte ihr seine Hand auf die Schulter. „Ich glaube nicht, daß ich jemals einen besseren Rat gehört hätte." Er schwieg lange und sprach dann leise vor sich hin: „Mir ist, als hätte ich dieses vor sehr langr Zeit auch einmal gewußt. Wie ist es nur möglich, daß ich mich nicht mehr daran erinnert habe?"

Noch nie war eine Nacht so unruhig; Hoffnung und Bangen wechselten einander ab.

Mit dem ersten Licht des Tages gingen die Männer zum See hinunter und kamen bald schon mit gefüllten Körben zurück. Die Frauen standen vor ihren Zelten und warteten. Niemand drängte sich vor, und die übergroße Freude war ihren Gesichtern abzulesen.

Nachdem die Fische verteilt und die Kochtöpfe über die Feuer gestellt waren, nachdem die so lang ersehnte ausreichende Mahlzeit abgehalten war, kamen die Frauen des Stammes zum Zelt von Thekum und Nantuasa. Jede von ihnen hatte ein kleines Geschenk dabei: „Wir wollen uns bei eurem Gast bedanken."

Die alte Frau lächelte. Auch Häuptling Weißer Wolf kam. Er trat langsam auf die Alte zu und beugte sich tief zu ihr nieder: „Der Große Geist muß dich hierher geführt haben. Bei uns sollst du deine Heimat haben, und wir alle werden versuchen, dir deine Tage leicht zu machen."

Still und ohne ein Wort zu sagen, legte ihm die alte Frau ihre Hände aufs Haar. Erst als er in sein Wigwam zurückgekehrt war, kam ihm zu Bewußtsein, daß ihm diese Berührung Mut und Zuversicht gegeben hatte, und den Glauben, daß ihnen der Große Geist beistehen würde.

Die Sonne war nun auf ihrem tiefsten Stand, und die Tage waren kurz.

Nantuasa saß oft mit ihrem Gast zusammen und wunderte sich immer wieder, mit welcher Klarheit die alte Frau die Sorgen des Stammes verstand. „Erzähle mir, wie es kam, daß Häuptling Schneller Hirsch euch überfiel, und welchen Grund er dazu hatte. Die Büffel können es doch nicht gewesen sein, denn gerade in den letzten Jahren haben sich die Herden gut vermehrt, und ein paar Tiere wären doch kein Anlaß für den Überfall."

„Ja, warum?" antwortete die junge Frau, „wir wissen es auch nicht. Vor einigen Jahren schon hatte er das Land, das an dieser Seite des Flusses liegt und das nach einem alten Abkommen zu unserem Gebiet gehört, mit Gewalt in Besitz genommen. Auch damals kam er überraschend und mit einer Übermacht an Kriegern, so daß an Widerstand nicht zu denken war. Damals nahmen sie unser Land, doch jetzt haben sie unsere Wintervorräte geraubt und unsere Waffen zerstört. Wir sind ihnen hilflos ausgeliefert. Den Reis und die Wurzeln haben sie auch genommen und den Rest vernichtet. Es dauert noch lange, bis die Sonne wieder steigt und wir uns neue Nahrung suchen können."

„Du sprichst von Wurzeln", sagte die Alte, „habt ihr auch die Wurzeln, die am Ufer und im seichten Wasser des Sees wachsen, geerntet? Sie werden oft übersehen, weil es genug andere Pflanzen und Kräuter gibt. Doch sie sind gut und nahrhaft, und ich glaube, daß sie auch an euren Seeufern wachsen."

Thekum kam ins Zelt. Auch er hörte gern zu, wenn die alte Frau erzählte. „Ja, ich habe früher, als ich noch ein kleiner Junge war, von dieser Wurzel gehört. Sie soll gut für die Gesundheit sein, doch soll sie auch einen bitteren

Geschmack haben. Darum hat man sie wohl vergessen. Morgen früh werde ich mit einigen Männern hinausgehen und sehen, ob wir sie finden."

Und sie brauchten gar nicht lange zu suchen, bis sie fanden, was ihnen ihr Gast gesagt hatte. Erleichtert und zuversichtlicher machten sich in den nächsten Tagen alle Stammesmitglieder auf, um diese Wurzeln zu sammeln. Sie schmeckten tatsächlich ein wenig bitter, doch wußten sie jetzt, daß sie den Winter überstehen würden.

Noch freilich durften sie sich nicht in Sicherheit wiegen, denn Pfeile und Bogen waren vernichtet; sie besaßen zwar noch biegsame Weiden für die Bogen, doch Sehnen fehlten und Knochen für die Pfeile.

Wie sollen wir nur an die Büffelherden herankommen, ohne daß Schneller Hirsch es merkt? Einige Büffel würden schon ausreichen, um uns das zu geben, was wir brauchen, dachte Weißer Wolf. Würde es nun doch so kommen, daß sie sich waffen- und wehrlos ergeben müßten, daß sie in Gefangenschaft gehen oder getötet würden? Was würde Schneller Hirsch mit den Frauen und Kindern machen?

Eines Morgens bat die alte Frau, den Häuptling sprechen zu dürfen. Nantuasa holte ihn und ließ die beiden dann alleine.

„Die Sonne steigt wieder, und euer Feind wird denken, daß ihr nur fast verhungert seid. Bald wird er kommen, um seinen Sieg über euch zu vollenden. Seid ihr gerüstet für einen Feind, der kein Erbarmen kennt?" Weißer Wolf antwortete nicht sofort. Was sollte er sagen? Tag und Nacht kreisten seine Gedanken um diesen Punkt. „Wir müßten uns einige Büffel holen. Doch wie? Die Herden in der Umgebung werden scharf von unseren Feinden bewacht. Jeder Versuch wird fehlschlagen."

„Deine Männer sind nun nicht mehr hungrig. Weiter oben im Norden, in den Wäldern am Fuß der hohen Berge leben die Waldbisons. Sie sind zwar kleiner als die Büffel hier in der Prärie, doch können sie euch das geben, was ihr jetzt am nötigsten braucht: Sehnen für eure Bogen und Knochen für die Pfeile. Auch wenn ihr Fleisch nicht so schmackhaft ist, es gibt doch Kraft. Macht euch morgen ganz früh auf den Weg. Er ist zwar weit, aber euer Feind hat dort sicher keine Späher."

Weißer Wolf schwieg. Wer war nur diese Frau? Wer hatte sie hierher geführt? Er fühlte ganz deutlich, daß nun alles doch noch gut werden würde, denn er war sicher, daß der Große Geist an ihrer Seite war.

Alle Männer waren bereit, die Strapazen des weiten Weges auf sich zu nehmen; Weißer Wolf suchte die stärksten unter ihnen aus, blieb aber selbst mit dem Rest seiner Mannen im Lager, um Frauen und Kinder zu schützen, denn es konnte möglich sein, daß der Feind jetzt schon losschlug.

Die ausgewählte Gruppe zog früh am nächsten Morgen nach Norden, gut ausgerüstet mit Proviant und Wasser. Die Männer erreichten die Wälder am Fuße der Berge nach langem, beschwerlichem Marsch. Doch sie fanden schnell, wonach sie gesucht hatten. Die Waldbisons, vom Winter geschunden, waren noch schwach. Es war keine große Mühe, sie zu erlegen. Die silberne Mondsichel leuchtete ihnen auf dem Heimweg.

Vier Tiere hatten sie mitgebracht, und am nächsten Tag sollte noch eine weitere Gruppe ausziehen, um mehr Bisons zu erjagen.

In den nächsten Tagen herrschte große Geschäftigkeit im Lager; selbst die kleinen Jungen wollten helfen. Gute Waffen sollten es werden, und kein Pfeil sollte sein Ziel verfehlen. Die Sonne stieg höher, und ein warmer Wind vom Gebirge strich übers Land. Die Waffen waren fertiggestellt und die Männer bereit, für ihr Leben und das ihrer Sippe zu kämpfen und auch zu sterben, wenn es der Große Geist so bestimmen würde.

Wieder einmal wollte die alte Frau den Häuptling sprechen. ,,Die Zeit ist gekommen. Sende deine besten Späher aus, um herauszufinden, ob eure Nachbarn sich schon für einen Kampf rüsten. Sie werden keinen Widerstand bei euch erwarten. Wenn deine Späher gut sind, werden sie wissen, wann es soweit ist. Laßt eure Feinde dann kommen und nehmt sie unerwartet. So wird es euch kaum Opfer kosten und den Sieg bringen."

Weißer Wolf schickte seine Späher aus, die berichteten, was man schon erwartete: es hatte den Anschein, als würde Schneller Hirsch den Überfall ganz sorglos und ohne große Vorbereitungen für die kommenden Tage planen. Es vergingen dann doch noch einige Tage, bis die Späher meldeten, der Angriff stünde unmittelbar bevor.

Weißer Wolf und seine Krieger waren bereit. Sie hatten sich am Rande einer Schneise in die Bäume gedrückt und sahen ihren Gegner schon von weitem. Sie brauchten nur noch den richtigen Moment abzupassen: blitzartig trat der Häuptling aus dem Dickicht ins Freie, und seine Männer jagten auf seinen Ruf hin Pfeil auf Pfeil in die Schar ihrer Angreifer. Die frischen elastischen Sehnen gaben ihren Geschossen große Kraft, und einer nach dem anderen der feindlichen Krieger fiel getroffen ins Gras.

Weißer Wolf jedoch sah nur seinen Widersacher, der sich mit vollem Kriegsschmuck ausstaffiert hatte. Er legte an, und sein Pfeil traf Schneller Hirsch mit aller Macht in die Brust.

Der kurze Kampf war beendet. Sie selbst hatten keinen ihrer Krieger verloren, doch die meisten der Angreifer waren gefallen; der Rest ergab sich widerstandslos.

Weißer Wolf trat auf seinen schwer verwundeten Widersacher zu: ,,So hattest du dir den Kampf nicht vorgestellt. Aber wir hatten einen guten Gefährten. Der Große Geist hat an unserer Seite gestanden, denn du und deine Männer haben seinen Unwillen erregt. Er ist es, dem wir Dank schulden; er hat uns zu unserem Recht und zu neuem Leben verholfen!“

Schneller Hirsch, der kaum noch atmete, sah ihn noch immer ungläubig an. Noch einmal überkam ihn große Wut: ,,So, der Große Geist hat es also geschafft, daß ich hier zu deinen Füßen liege. Nie hätte ich geglaubt, daß so etwas möglich ist.“ Er spürte wohl, daß es zu Ende mit ihm ging und fügte mit schwächer werdender Stimme hinzu: ,,Nun wirst du wohl unbarmherzig sein. Mein Leben ist vorbei, aber was wirst du mit unseren Frauen und Kindern machen? Müssen sie denn für meine Verbrechen büßen? Und was wird mit meinen Söhnen geschehen?“

,,Der Große Geist verlangt Barmherzigkeit von mir, und du sollst in Frieden sterben. Wir werden des Blutvergießens ein Ende machen und versuchen, wieder gute Nachbarn zu werden."

Noch fast ungläubig sah ihn Schneller Hirsch an; dann fiel sein Kopf schwer auf die Seite.

Im Nachbarlager herrschte große Angst, denn alle wußten, wie grausam ihr Häuptling mit Weißer Wolf und seinem Stamm umgesprungen war. Der älteste Sohn des toten Häuptlings, der während der Kämpfe das Lager gehütet hatte, trat auf Weißer Wolf zu: ,,Wir ergeben uns ohne Widerstand. Wenn dein Herz Gnade kennt, dann schone unsere Frauen und Kinder."

,,Ich bringe dir einen letzten Gruß deines Vaters und biete euch trotz allem, was geschehen ist, Freundschaft an. So will es der Große Geist."

Weißer Wolf hatte es eilig; er hatte jetzt nur noch einen Gedanken: der alten Frau, die so unerwartet zu ihnen gekommen war, und von der niemand wußte, wer sie war, zu danken.

Im Zelt von Thekum und Natuasa stand eine hohe, schlanke Gestalt, keine alte Frau. Ein Lächeln lag auf ihrem schönen Gesicht.

,,Meine Zeit ist um. Ich werde euch jetzt verlassen. Erzählt euren Kindern und Enkeln, daß der Große Geist eure Not gesehen hat und mich zu euch sandte.

Langsam ging sie hinaus. Das ganze Lager hatte sich versammelt, und niemand sprach ein Wort. Die hohe Gestalt ging an ihnen allen vorbei auf den Wald zu, und bald konnte man sie nicht mehr erkennen. Doch plötzlich tauchte gegen den Abendhimmel eine kleine goldene Wolke auf. Und dann war auch sie verweht.

Schweigend gingen alle in ihre Zelte zurück.

Die Freundschaft der beiden Stämme hielt viele Jahre, auch wenn schwere Zeiten durchzustehen waren. Gemeinsam schafften sie es.

Die Legende vom Dogwood-Baum

Vor langer Zeit, als noch kein weißer Mann den Boden Kanadas betreten hatte, gab es dort viele Indiander, deren Namen heute niemand mehr weiß.

Größere und auch kleinere Stämme lebten im Osten und Westen des Landes. Dieses Land war groß, und doch gab es zwischen den einzelnen Stämmen immer wieder Unfrieden und Streit. Mal ging es um bessere Weideplätze, mal um mehr Land an den fischreichen Seen; manchmal auch um gekränkte Ehre oder um nicht gezeigte Ehrerbietung; und oft hatte es auch ganz andere Gründe.

So hatten im Westen des Landes zwei Stämme Streit miteinander bekommen. Es sollte ein harter Kampf werden. Beide Seiten waren von gleicher Stärke, und alle waren große, mutige Kämpfer. Die Stammesfehde wurde härter als befürchtet, und einer der beiden Stämme begann zurückzuweichen; es sah, als immer mehr mit Krieger fielen, nicht gut für ihn aus.

Ein junger Krieger der zurückgedrängten Indianer rief seinen Kampfgefährten plötzlich etwas zu. Im nächsten Augenblick stürmte er alleine vorwärts, um sich den Pfeilen seiner Gegner zu stellen. Verblüfft und vielleicht auch zornig über diese Art der Kriegsführung wandten sich alle feindlichen Kämpfer dem Tollkühnen zu.

Und dieses war der Augenblick, auf den seine Mitkrieger gewartet hatten, um ihren Angriff erneut zu führen. Zu spät erkannten die anderen, daß sie einem Bluff zum Opfer gefallen waren und der Kampf für sie verloren war. Sie wichen voller Furcht und Erschrecken zurück, und auch die Kriegsrufe ihres Häuptlings konnten sie nicht aufhalten.

Als die siegreichen Kämpfer von ihrer Verfolgungsjagd zurückkehrten, sahen sie als erstes nach den Verletzten und Toten. Und dann nach dem jungen Krieger, der die Wende mit seiner Kühnheit und seinem Mut herbeigeführt hatte. Sie suchten und suchten, aber konnten ihn nicht ausmachen. Der Feind konnte ihn nicht mitgenommen haben, denn alles war zu schnell gegangen. Schon wollten sie die Suche abbrechen, da fanden sie dann endlich den Helden.

Doch wie verändert er war; sein Leib war ein junger Stamm, die Arme und Hände waren Zweige, an denen grüne Blätter sprossen; seine Füße waren zu Wurzeln geworden.

Staunend und ergriffen standen sie um ihren Freund und Kampfgefährten herum. „Der Große Geist hat ihn zu sich genommen. Für seine Tapferkeit verwandelte er ihn in einen Baum, damit er unter uns bleiben kann und damit wir uns seines Mutes erinnern. Wir wollen ihn in unserem Lager einpflanzen, damit er immer bei uns sein wird!"

Doch die Krieger wußten nicht, daß der Große Geist ihnen den Sieg zugedacht hatte. Denn in der letzten Minute seines Erdenlebens hatte der Große Geist sich über den jungen, mutigen, aber von Pfeilen durchbohrten Krieger gebeugt und ihn gefragt, ob er noch einen Wunsch habe. „Ein Baum möchte ich sein. Meine Freunde werden wissen, daß mein Geist in diesem Baum lebt, und sie werden mich nicht vergessen. Und das Mädchen, daß ich liebe, wird zu mir kommen, und ihre Tränen werden mir wohltun; so ist sie mir dann ganz nahe, denn wir haben uns sehr lieb."

Am nächsten Tag kamen die Stammes-Ältesten zusammen, um zu beraten, wohin sie den Baum pflanzen sollten. Wie so oft, hatte jeder von ihnen einen anderen Vorschlag, und sie konnten sich nicht einig werden. Nur der alte Medizinmann hatte noch kein Wort gesagt, und alle wandten sich ihm zu.

Langsam sagte er: „Ich hatte in dieser Nacht einen seltsamen Traum, und ich weiß, daß der Große Geist mir etwas sagen wollte. Im Traum sah ich eine kleine Insel. Wir alle kennen sie, und sie zu besuchen ist uns nur erlaubt, wenn wir den Großen Geist um seine Zustimmung gebeten haben. In meinem Traum hob sich aus dem Laub des Waldes ein Baum höher als all die anderen. So wird es werden, wenn wir unseren jungen Baum dorthin bringen. Habe ich meinen Traum richtig gedeutet, so werden die Zweige und Blätter morgen in der Frühe ein ganzes Stück gewachsen sein. Wenn es so ist", fuhr der Medizinmann fort, „werde ich mit dreien von euch hinüber zur Insel fahren und unseren Baum dort einpflanzen. Hoch und gerade wird er wachsen. Unseren Kindern und Enkelkindern werden wir dann den Baum zeigen und ihnen von unserem tapferen Bruder erzählen."

Früh am Morgen, noch ehe die ersten Sonnenstrahlen das Lager erreichten, gingen die Männer hin, um zu sehen, ob ihr Beschluß die Zustimmung des Großen Geistes gefunden hatte. Und tatsächlich: frisch und noch höher aufgeschossen waren der Baum und seine Zweige; die Wurzeln streckten sich, als suchten sie das Erdreich. Eine Feldlerche saß in den Ästen und sang ihr Lied dem Tag entgegen.

„So soll es sein", sagten die Männer und machten sich auf den Weg, den Baum zur Insel zu transportieren. Still und klar war das Wasser, als sie hinüberruderten. Sie suchten die Mitte der Insel und pflanzten ihn sorgsam in die braune Erde. Schweigsam ruderten sie dann zurück. „Niemand soll die Insel betreten, ehe unser Baum die anderen überragt!"

Das Mädchen, das den tapferen Krieger geliebt hatte, war sehr traurig. Keinem anderen Mann würde sie Söhne und Töchter schenken wollen, niemand anderen wollte sie das Herdfeuer in Gang halten. Sie war jung und schön. Andere Männer würden kommen und sie bitten, ihr Zelt mit ihnen zu teilen, doch sie würde sie alle ablehnen.

Oft ging sie alleine zum Strand und sah hinüber zur kleinen Insel. Könnte ich doch nur ein einziges Mal hinüberrudern, um ihm nahe zu sein, dachte sie voll Verlangen und Traurigkeit. Doch auch sie wußte wohl, daß niemand die Insel betreten durfte.

Eines Nachts, als sie so voller Sehnsucht an ihren Geliebten dachte und keinen Schlaf fand, fragte sie sich: warum soll ich nicht einfach doch hinüberfahren, um ihm nahe zu sein? Würde er das nicht auch wollen? Was kann man mir denn tun? Mein Leben ist mir sowieso nichts mehr wert!

Heimlich nahm sie sich ein kleines Kanu und glitt zur

Insel hinüber. Ihr Herz klopfte wohl, als sie den Strand erreichte. Dichter weißer Nebel kam ihr entgegen. „Weißt du nicht, daß es verboten ist, diese Insel zu betreten? Hat dir der Große Geist die Erlaubnis gegeben?"

„Ich weiß dieses wohl, doch nur ein einziges Mal möchte ich dem Ort nahe sein, der meinem Geliebten gehört. Nur einmal den Stamm umarmen, der seine heutige Gestalt ist. Auch wenn ich es mit meinem Leben bezahlen muß."

„Ich kenne deinen Kummer, und du sollst auf der Insel leben dürfen. Doch nicht in menschlicher Gestalt darfst du hier verweilen. Viel Wild ist hier auf der Insel, und es steht in meiner besonderen Obhut. Ich werde dich verwandeln, denn so kannst du deinem Geliebten nahe sein und deine Erdentage hier verbringen."

Schlank und schön stand nun an dieser Stelle eine junge Hirschkuh. Sie lief durch das dichte Unterholz hin zu ihrem Baum. Tief hinten streckte er seine Zweige. „Nun sind wir vereint; hier werde ich dich beschützen!"

Nahe der Küste lebte auch ein anderer Indianer-Stamm. Einer der jungen Leute war ungeschickt und tat nie etwas Rechtes. Ward er ausgeschickt, um zu fischen, so kam er mit leeren Körben zurück. War er mit den anderen auf der Jagd, benahm er sich töricht und vertrieb die Beute. Keiner der anderen mochte ihn um sich haben. Er hatte aber auch keine Lust, sich Mühe zu geben und etwas zu lernen; zum Lebensunterhalt seines Stammes beizutragen, war ihm zuviel. Und so brauchte er sich nicht zu wundern, daß ihn keiner mochte. Kein Mädchen wollte ihn zum Manne haben, und das machte ihn böse. Ich werde euch schon zeigen, daß ich ein großer Jäger bin, dachte er eines Tages. Denn auch er wußte vom Wildreichtum der kleinen Insel. Es würde ihm ein Leichtes sein, dort mit Erfolg zu jagen, denn das Wild dort hatte keine Furcht vor den Menschen, die so selten nur die Insel betraten.

Heimlich stahl er ein großes Kanu und fuhr hinüber auf die Insel; er zog das Boot auf den Strand und versteckte es im Gebüsch, damit niemand ihn entdecken würde.

Eine schöne Hirschkuh kam ihm entgegen. Er hob den

Bogen und schoß seinen tödlichen Pfeil ab. Schwer getroffen schleppte sich die junge Kuh zu ihrem geliebten Baum.

Der Jäger hingegen konnte plötzlich nichts mehr erkennen, denn eine dunkle Wolke hüllte ihn ein. ,,Weißt du nicht, daß es dir verboten ist, dieses Land zu betreten? Welch' böse Lust treibt dich, den Frieden meiner Insel zu stören? Mit Waffen kommst du, um die Geschöpfe in meiner Obhut zu töten!"

Er fühlte sich emporgerissen und weit hinaus ins Meer geschleudert. ,,Auf dem Meeresgrund sollst du bleiben. Sonne und Mond werden dir nie wieder scheinen. Selbst die Fische werden dich meiden und ihren Weg ändern, um dir nicht nahe zu sein!"

Tot lag die schöne Hirschkuh unter ihrem Baum. Seine Zweige umhüllten sie. Langsam trat der Große Geist hinzu. ,,Auch du sollst ein Baum sein wie dein Geliebter. Ein Baum, den es bisher auf der Erde noch nicht gab. Weiße Blüten wirst du tragen, und der Duft deiner Blüten soll Mensch und Tier erfreuen."

Ein junger Baum wuchs auf neben dem starken Stamm des anderen. Der große Baum gab ihm Schutz in Sturm und Unwetter.

,,Treue Liebe" nannten die Indianer diesen Baum, als sie die Geschichte der beiden Bäume erfuhren.

Die weißen Menschen, die später ins Land kamen, hatten den Namen des Baumes nicht verstanden, und so nannten sie ihn Dogwood-Baum.

Die Legende von Chinook

Vor langer Zeit hatte am Fuße der hohen Berge ein Indianer-Stamm seine Zelte aufgeschlagen, dessen Kriegskunst und List von allen anderen Stämmen gefürchtet war. Grausam und hart waren die Männer zu ihren Widersachern, und ihr Land war groß und weit. Ihr Stolz und Hochmut waren weithin bekannt.

„Schwarzer Bär" war ihr Häuptling, und er war selbst bei seinen eigenen Kriegern gefürchtet; niemand wagte sich ihm zu widersetzen. Seine Frau hatte ihm sechs Söhne geschenkt. Und nun wünschte sich der Häuptling eine Tochter. Sein Wunsch wurde erfüllt, denn das siebente Kind, das ihm seine Frau gebar, war ein Mädchen.

Schwarzer Bär gab seiner Tochter den Namen Chinook, die Morgensonne, und schön, wie es der Vater erwartet hatte, wuchs Chinook heran.

Die Söhne des Häuptlings waren wie ihr Vater: tapfer aber grausam. Doch Chinook hatte eine ganz andere Wesensart. Oft und heimlich versuchte sie, geschehenes Unrecht wieder gutzumachen. Dieses hinderte ihren Vater jedoch nicht, seiner Tochter große Zuneigung entgegenzubringen.

Für Chinook war nun die Zeit gekommen, in welcher Mädchen ihres Alters in den Wigwam eines Mannes ziehen, um eine eigene Familie zu gründen. Doch Schwarzer Bär wollte für seine Tochter einen ganz besonderen Mann, auch wenn er noch nicht wußte, wie und wer dieser Mann sein sollte.

Wohl kamen junge Männer von anderen Stämmen, die von der schönen Chinook gehört hatten. Und auch trugen die Macht und der Reichtum von Schwarzer Bär dazu bei, daß viele um die Häuptlingstochter warben. Es waren Männer darunter, die Chinook wohl gefallen hätten, und sie wäre ihnen gern gefolgt. Doch vom großen Häuptling hatte bisher keiner der Bewerber Zustimmung gefunden.

An einem schönen Herbsttag ging Chinook mit einigen ihrer Freundinnen in die nahen Berge, um Beeren und Kräuter für den herannahenden Winter zu sammeln. Ihre

Begleiterinnen waen alle jünger als sie, denn die Gleichaltrigen waren schon lange in die Zelte ihrer Männer gezogen; einige von ihnen hatten sogar schon Kinder zu versorgen.

Chinook war mißmutig, und auch der warme Herbsttag konnte ihre Stimmung nicht bessern. Ihre Begleiterinnen fingen schon wieder an, sie zu necken, und fragten, warum sie noch immer nicht das Zelt mit einem Manne teilte. Ja, warum? Wie sollte der Mann beschaffen sein, um ihren Vater zufriedenzustellen?

Um den Fragen der anderen Mädchen auszuweichen, kletterte sie höher in die Berge, denn sie konnte sich noch daran erinnern, daß sie in den vergangenen Jahren dort weiter oben sehr schöne reife Beeren gefunden hatte. Höher und höher stieg sie und merkte nicht, daß die Sonne schon niedrig stand und der Abend nicht mehr fern war. Sie, die sonst so vorsichtig war, um nicht durch wilde Tiere in Gefahr zu geraten, merkte nicht, daß sie die Spuren einer Bärin, die Junge führte, gekreuzt hatte. Und dann, plötzlich, war es soweit.

Der Geruch und das unwillige Brummen ließen sie die Gefahr, in der sie sich befand, zu spät erkennen. Die Bärin kam drohend auf sie zu. Ganz flach drückte sich Chinook gegen einen Baum, aber es würde ihr nichts helfen. Sie wußte nur zu genau, wie gefährlich eine Bärenmutter war, die ihre Jungen bei sich hatte, und wie angriffslustig.

Chinook schloß die Augen und war sicher, daß die Bärin jetzt jeden Augenblick angreifen und sie zerfleischen würde. Doch plötzlich ward sie emporgehoben und konnte die ersten hohen Äste des Baumes greifen. Noch ehe sie begriffen hatte, was wirklich geschehen war, hörte sie die Bärin angreifen. Der junge Mann, der unter ihr stand, wehrte sich mit aller Kraft. Sie konnte nicht helfen, konnte nicht schreien. Stumm sah sie von oben dem Kampf zu.

Sie wußte nicht, wie lange der furchtbare Kampf gedauert hatte; die Bärin mußte schwer verletzt worden sein, denn langsam und blutend wandte sie sich um und verschwand in den Büschen. Chinook sah ihren Retter zusammengesunken unter dem Baum liegen.

Sie ließ sich von den Ästen zur Erde gleiten und besah sich, immer noch vor Angst bebend, den Verletzten. Wie alle Frauen und Mädchen wußte sie zwar mit Kranken und Verwundeten umzugehen, aber hier sah es schlimm aus. Doch ihr unbekannter Retter lebte, und sie wollte alles nur Mögliche tun, um sein Leben zu erhalten.

Sie suchte Moos und trockenes Gras, um ihn weich zu betten, und Pflanzenblätter, um das Blut zu stillen.

Die Nacht kam. Er würde frieren, denn die Herbstnächte waren schon recht kalt. Ganz eng legte sie sich an seine Seite, um ihn zu wärmen. Sie spürte überhaupt keine Müdigkeit; nur der Wunsch, ihm zu helfen, beseelte sie.

Dann kam der Morgen herauf. An seiner zerrissenen Kleidung konnte sie erkennen, daß er zu keinem der Stämme gehörte, die sie kannte. Zum erstenmal schlug der junge Mann die Augen auf. Er murmelte etwas, doch sie verstand ihn nicht. Hatte er Durst? Sie sah sich nach ihrem Korb mit den Beeren um. Verschüttet und verstreut lagen sie umher. Wasser? Wo konnte sie Wasser finden? Sie durfte ihn hier doch nicht alleine liegen lassen!

Trotz ihrer Verzweiflung waren ihre Sinne geschärft. Hörte sie nicht plötzlich etwas flüstern? Fast lautlos kamen zwei Männer näher und sahen stumm auf sie herunter. Dann fragten sie etwas, doch ihre Sprache war Chinook fremd. Sie machte eine bittende Gebärde und zeigte auf den Verletzten. Die Männer nickten. Erleichtert merkte sie, daß die beiden ihren jungen Retter kannten.

Die beiden Männer verschwanden und kamen dann nach wenigen Minuten mit starken Zweigen zurück, die sie zu einer Trage zusammenbanden. Es war schwierig, den Verwundeten daraufzulegen, ohne ihn zu gefährden, und die Schmerzen mußten groß sein. Aber das Blut war gestillt, und wenn sie es behutsam anpackten, würden die Wunden nicht wieder aufbrechen.

Die Männer schickten sich nun an, ihn fortzutragen. Chinook vergaß alles: ihren Stamm, ihre Mutter, ihren harten Vater, ihr gesichertes Leben. Sie wollte bei dem Mann sein, der sie aus einer so ausweglosen Situation gerettet hatte.

Die beiden sahen sie fragend an. Der Kranke war wach und sprach einige Wörter zu den Trägern, und sie nickten sofort. Dann bedeuteten sie Chinook mitzukommen. Stumm und mit klopfendem Herzen folgte sie ihnen.

Es war ein beschwerlicher Weg, doch so behutsam wie nur irgend möglich wurde der Verwundete getragen. Wieder glaubte Chinook Stimmen im Wind zu hören. Sie mußten sich einer Ansiedlung nähern. Hier in den hohen Bergen? Sie hatte nie davon gehört, und ihr Vater, Häuptling Schwarzer Bär, hatte seine Späher doch überall!

Nun kamen ihnen Menschen entgegen und sahen den Verletzten mitfühlend an; Chinook hatte jedoch das Gefühl, daß man sie selbst mit Abwehr betrachtete. Ein alter Mann kam hinzu und sprach mit dem Kranken; er nickte mit dem Kopf und trat zu Chinook. Er nahm sie bei der Hand und führte sie dann zu einer verborgenen Steinhöhle. Dort angekommen, winkte er einer älteren Frau zu, die gerade am Herdfeuer stand und kochte.

Freundlich führte diese Chinook hinein und brachte ihr etwas Warmes zu essen. Es schmeckte ihr herrlich, hatte sie doch den Hunger seit dem furchtbaren Erlebnis gestern völlig vergessen. Chinook stand dann auf, ging auf die Frau zu und dankte ihr mit dem Handzeichen, das sie zuhause bei ihrem Volk gelernt hatte. Die Frau nahm ihre Hand und lächelte ihr zu; sie mußte das Zeichen verstanden haben. Dann zeigte sie Chinook einen Platz zum Schlafen.

Chinook wußte nicht, wie lange sie geschlafen hatte. Sie lag reglos da und war voller Verwirrung. Es war etwas unverständlich Fremdes um sie herum, und doch fühlte sie sich wohl hier. Warum hatten die Menschen sie nur so abwehrend angesehen? Wußten sie, wer sie war? Wo befand sie sich nur, und wer war dieser Stamm? Hatte ihr eigener Vater diese Menschen vielleicht hierher in die Berge vertrieben?

Dann fiel ihr der Verwundete ein. Rasch stand sie auf, doch wo waren ihre Sachen geblieben? Aber da kam schon die alte Frau herein und brachte ihr die gereinigten Kleider. Es wurde ihr bedeutet mitzukommen. Ihr junger Retter sah schon wieder viel besser aus. Wohl waren die Wunden schwer, aber es schien, als hätte er es gut überstanden.

Wieder verband Chinook ihm seine Wunden und legte eine Salbe auf, die ihr die alte Frau gereicht hatte. Und das tat sie danach Tag um Tag, denn alle hatten bewundernd gesehen, wie geschickt sie war.

Bald schon lernte sie die Sprache der Menschen um sie herum verstehen, und die Abwehr, mit der man ihr zunächst begegnet war, wich offener Freundlichkeit.

Der Kranke hatte sich jetzt gut erholt, und bald war es nicht mehr nötig, ihn zu pflegen. An diesem späten Herbsttag erfuhr sie dann das erstemal, daß die alte Frau, die ihr Unterkunft gegeben hatte, die Mutter ihres Retters war, und der junge Mann der Sohn des Häuptlings.

Der alte Häuptling nahm sie wieder bei der Hand und führte Chinook zu einer Steinbank, auf der sich beide niederließen. ,,Du bist die Tochter von Häuptling Schwarzer Bär", sagte er bedächtig und freundlich, ,,ein großer Häuptling ist dein Vater. Wir bitten dich aber doch um eines: wenn du nachhause gehst, sage deinem Vater nicht, wo du gelebt hast. Denn wir haben hier ein neues Leben angefangen und wollen Frieden haben".

Stumm ging sie zu ihrer Lagerstatt. Nach Hause? Weg von hier? Nein, hier war sie doch glücklich und vermißte nicht den Reichtum ihres Stammes. Mußte sie den wirklich nach Hause ziehen? War sie denn eine Gefahr für diese Menschen hier? Der alte Häuptling hatte wohl doch recht! Ihr Vater würde nicht aufhören nach ihr zu suchen, und irgendwann würde man ihre Spuren finden, denn ihr Vater war nicht einer, der aufgab.

Durch die verhangene Türöffnung hörte sie Schritte näherkommen. Schritte, die sie nun schon so gut kannte! Kommt er nun auch, um mich nachhause zu schicken? Ihr Herz wurde bei diesem Gedanken ganz schwer. Er trat herein. ,,Willst du mich nun auch nachhause schicken?" Mehr konnte sie nicht herausbringen. Doch voller Zärtlichkeit sah er Chinook an. ,,Ich möchte, daß du immer hier bleibst. Doch es wird schwer für dich werden, denn niemals darfst du dann zurück zu eurem Lager, niemals darf dein Vater erfahren, daß du hier lebst, denn wir alle wollen nicht, daß irgend jemand von unserer Existenz etwas erfährt."

Bald darauf wurde Chinook die Frau des jungen Häuptlings. Kaum einmal dachte sie an ihr früheres Leben; und wenn es ihr doch einmal in den Sinn kam, fühlte sie Unheil aufziehen. Die Zeit ging dahin. Über ein Jahr war sie nun schon hier. Oder war es noch länger? Ein gesunder kleiner Sohn schaukelte in seinem Netz. Wie schön das Leben doch war!

Wieder war es Herbst geworden. Beeren wollte sie sammeln, und ihr Mann hatte nichts dagegen einzuwenden, denn sie kannte die Wege sehr gut. Sie wollte sich gerade auf den Weg machen, da fiel ihr auf, wie still es plötzlich im Lager geworden war. Eine merkwürdige Unruhe war zu spüren; oder war es nur die geheime Furcht in ihr selbst?

Sie hörte Rufe und Bewegung im Lager, doch sonst war es noch immer still. Dann aber kam ihr Mann herein, und sie sah sein sorgenvolles Gesicht. „Schwarzer Bär ist mit seinen Leuten auf dem Weg hierher. Wir müssen uns alle verstecken. Gegen seine Übermacht können wir nichts ausrichten. Mache dich bereit und habe keine Furcht. Wir haben gute Unterschlupfplätze. Es wird alles gut ausgehen." Voll großer Liebe sah er sie an.

Chinook blieb allein mit ihrem Sohn. Ihr Vater? Würde ihr Vater alles vernichten, wenn er hierher kam? Ja, er gab nichts von dem freiwillig preis, was ihm gehörte. Sie hatte es beinahe schon vergessen, hier bei den Menschen, die so friedfertig waren und so freundlich zueinander. Sollten diese Menschen ihretwegen Kummer und Ungemach erleiden, nur weil sie die Tochter von Schwarzer Bär war? Nein, das durfte sie nicht zulassen!

So nahm sie ihren Sohn und wickelte ihn gut ein. Auf dem Weg hierher waren die Scharen ihres Vaters, so hatte ihr Mann ihr erzählt; und es gab nur einen Weg hierher. Vorsichtig, daß niemand sie sah, machte sie sich auf den Weg. Ihren Sohn würde sie dem Vater entgegenhalten. Müßte sein Herz dann nicht doch Erbarmen empfinden, und würde er die Menschen, die ihr eine neue Heimat gegeben hatten, verschonen?

Die Mittagssonne neigte sich schon ein wenig, als sie die Krieger kommen sah. Still stand sie und ließ sie näherkommen. Über ihr und ihrem Sohn war noch blauer Himmel, aber im Norden schoben sich die Wolken dunkel und schwer zusammen.

Die Krieger kamen näher. Als sie sie sahen, stutzten sie, und erkannten plötzlich, wer vor ihnen stand. Chinook, Chinook, tönte es aus vielen Kehlen. Hatten sie denn nicht gewußt, daß sie hier war? Ihr Vater mußte es bestimmt gewußt haben, und auch ihre Brüder.

Die Männer standen regungslos da und wußten nicht, was sie tun sollten. Es waren viele unter ihnen, die die schöne Chinook verehrt hatten, die sie in ihr Zelt geholt hätten, wäre es ihrem Vater damals recht gewesen.

Chinook hob ihren Sohn hoch. Ein Pfeil zischte durch die Luft, ein sicherer Pfeil aus alten erfahrenen Händen. Langsam sank Chinook zur Erde.

Unbeachtet war das Unwetter herangezogen, und nun entlud es sich tausendfach im Rücken der Krieger. Blitz auf Blitz, und das Tosen des Donners wiederholte sich immer wieder an den Bergwänden. Ein gewaltiger Blitz schlug in die tobende Menge.

Panik brach aus unter den Männern, und keiner von ihnen hörte mehr auf die Befehle ihres Häuptlings, denn die Angst vorm Zorn des Himmels war größer. Schwarzer Bär wurde umgerannt, sie liefen über ihn hinweg. Selbst seine eigenen Söhne nahmen keine Rücksicht mehr, um sich selbst in Sicherheit zu bringen.

Der junge Häuptling ahnte das Unheil, als er seine Frau und seinen Sohn nicht fand. Gewißheit brachten ihm seine Späher, die mit angesehen hatten, wie Chinook ihrem Vater entgegengetreten war und was dann passierte.

Er fand sie schnell und trat stumm auf die zusammengesunkene Gestalt zu. Noch im Fallen hatte Chinook ihren Körper über ihren Sohn gebeugt. Unversehrt war das Kind. Ganz still nahm er ihr den Sohn aus den Armen und reichte ihn seinem Vater, der mit ihm gekommen war.

Ganz behutsam und mit furchtbarer Trauer im Herzen hob er seine Frau auf. Hier, wo sie so glücklich gewesen war, sollte sie die Ruhe finden, die ihr Vater ihr nicht gegönnt hatte.

Chinook nennt man heute einen unerwartet warmen Wind, der in den kalten Tagen des Herbstes von den Rokky Mountains über die Prärien streicht.

Die letzten Tage im Februar

Assintoa hat die Geschichte von der schönen Häuptlingstochter Chinook beendet. Das Feuer ist heruntergebrannt, und es ist ganz still im Zimmer. Blaue Lichter und weißer Rauch füllen den Kamin.

Die Februarsonne, die schon einige Wärme hat, bringt das erste Eiswasser von den Bergen herunter. Wenn man feine Ohren hat, hört man es den kleinen Bach herunterkommen.

Doch draußen im Wald haben die Tiere noch immer eine harte Zeit. Die Kraft, die in den guten Tagen des Herbstes gesammelt war, ist aufgezehrt. Der Schnee ist verharscht, und die Mahlzeiten sind karg. Mühsam ist jeder Tag, und der Wind pfeift eisig von Norden her.

Aber doch bringt dieser Monat einen Wandel, denn ein ganz wenig beginnt man zu hoffen, daß es einen Frühling und einen Sommer geben wird.

Sehr leise beginnt Assintoa noch einmal zu sprechen: „Dieses war meine letzte Geschichte, die ich dir erzähle. Meine Zeit ist gekommen, und mein Geist geht zurück zum Ursprung allen Lebens. Mein Leben wäre nun zum Ende gekommen, hätte man es mir nicht vorher gewaltsam genommen.

Mein Abbild wird hier hängenbleiben, doch es wird keine Geschichten mehr erzählen.

So wie du nicht weißt, was hinter der hohen Wand steht oder beginnt, so weiß auch ich es nicht. Soll man sich fürchten oder soll man es herbeisehnen?"

Ganz leise wird nun seine Stimme, und mein Herz ist traurig. Noch einmal flackert das Feuer hoch auf, und ich sehe die glänzenden Augen meines Freundes.

Nein, ich will nicht traurig sein. Sehr schön waren die Stunden am kanadischen Feuerplatz.

Über die Autorin

Meta Regehr-Mirau wurde am 11. April 1904 auf einem Bauernhof in der Nähe von Danzig geboren. Sie erhielt, ebenso wie ihre 9 Geschwister, ihren Unterricht von einem Hauslehrer. Die Eltern, die sie mit Liebe, aber auch mit Strenge erzogen, brachten ihnen schon frühzeitig gute Bücher und Verständnis für die Natur nahe. Mit 14 Jahren schrieb Meta Regehr-Mirau ihre ersten kleinen Geschichten über Tiere und Blumen, die in einer Danziger Zeitung veröffentlicht wurden.

Später dann leistete sie Dienst bei der Deutschen Wehrmacht, und gegen Kriegsende mußte die ganze Familie in den Westen flüchten. 1948 entschloß sich die Autorin, einigen ihrer Geschwister nach Kanada zu folgen, und nahm nach etlichen Jahren die kanadische Staatsbürgerschaft an.

Nach Zeiten harter Arbeit in der Landwirtschaft und im Haushalt konnte sie sich danach wieder verstärkt dem Schreiben, dem Malen und der Töpferei widmen. Viele ihrer Gedichte, Geschichten und Zeichnungen wurden von einer deutsch-sprachigen Zeitung in Kanada veröffentlicht. Ihre kunsthandwerklichen Kenntnisse vertiefte die Autorin durch den Besuch einer kanadischen Kunstschule und konnte sich ihren Lebensunterhalt bald durch vielschichtige künstlerische Tätigkeiten verdienen.

Ihr besonderes Interesse galt aber von je her der Natur, und hier in Kanada entdeckte sie in sich selbst eine tief empfundene Sympathie für die Indianer, über die sie immer wieder las und deren Geschichte und Schicksal seit der europäischen Kolonialisierung sie faszinierten.

Schon Ende der 50er Jahre begann sie, Gelegenheit zu suchen, die Ureinwohner Kanadas selbst kennenzulernen, und so kam es dann in der Provinz Alberta, wo heute die Cree und Blackfoot Indianer zuhause sind, zu den ersten Freundschaften. Es dauerte nicht lange, bis sie ihre erste Unterrichtsstunde in einer Indianer-Reservation gab, um ihren „Schützlingen" einiges über das Kunsthandwerk der „Weißen" beizubringen. Darauf folgten ungezählte

Einladungen zu anderen Indianerstämmen, von Britisch-Kolumbien bis hin nach Ontario. Und die Autorin lernte in diesen ganzen Jahren unendlich viel über die Geschichte, über Sitten und Gebräuche, über das Gefühlsleben und über die Kunst der Indianer.

Die vorliegenden Legenden beruhen auf ,,ihrem Leben" mit Indianern in Kanada und stellen nur einen Bruchteil dessen dar, was sie an Wissen, Weisheit und Gefühl mit sich nehmen durfte. Es prägt noch heute, da Meta Regehr-Mirau wieder in ihre alte Heimat nach Deutschland zurückgekehrt ist und in Berlin ihren Lebensabend verbringt, ihre Arbeit und ihr Denken.

Inhalt